Ofertas de US$ 100 milhões

Como fazer ofertas tão boas que as pessoas se sintam idiotas de recusar

ALEX HORMOZI

O que outros disseram

"Depois de passar um dia com Alex, aumentamos nosso lucro em US$ 5 milhões por ano sem adicionar *nenhum* serviço novo. Quando Alex fala sobre aquisição, você deve ouvir (desde que você não odeie dinheiro)".

— *Brooke Castillo, CEO, Life Coach School*

"Minha carreira pode ser dividida em dois capítulos: o primeiro foram 15 anos batendo a cabeça contra a parede tentando descobrir por que não estava alcançando meu potencial. O segundo capítulo começou quando li 'Ofertas de US$ 100 milhões', de Alex Hormozi. Foi então que tive a confiança para saber exatamente como ter o sucesso que sabia que era capaz de desfrutar. Se você é um empresário que está cansado de se contentar com menos do que seu potencial, este livro mostrará rapidamente que não é sua culpa; ninguém lhe ensinou como fazer ofertas irresistíveis. **Este livro mudará isso em poucas páginas.** Considere este livro como seu segundo capítulo. **É uma mudança absoluta**".

— *Ryan Daniel Moran, fundador da Capitalism.com*

"Descobrimos o Alex e compramos seu livro imediatamente. É o melhor livro que já li sobre negócios. Provavelmente, a maior lição que aprendi com ele é que, muitas vezes, nos negócios, você quer cobrar mais dos seus clientes e quase se sente culpado, pensando: 'Meu Deus, será que posso fazer isso?' Mas acho que não há ninguém melhor do que ele para associar produtos e preços que não só permitem aumentar o preço do seu negócio, mas também aumentam o valor para o cliente ao mesmo tempo. **Desde que começamos a trabalhar com ele... em dois meses... nosso negócio já estava faturando US$ 10 milhões/ano em vendas... DUPLICOU INSTANTANEAMENTE, e só se passaram dois meses desde que entramos em contato com ele, e nosso negócio está a caminho de faturar US$ 23 milhões/ano em vendas**. Apenas mudando nossos preços, nossos pacotes e, ao mesmo tempo, entregando melhores resultados e impactos com os clientes com quem trabalhamos".

— *Andrew Argue, fundador e CEO da Accountingtax.com*

Ofertas de US$ 100 milhões

Como fazer ofertas tão boas que as pessoas se sintam idiotas de recusar

ALEX HORMOZI

Acquisition.com, LLC
7710 N FM 620
Edifício 13C, Suíte 100
Austin, TX 78726

Design da capa por Charlotte Chan Mikkelsen
Fotografia, ilustrações e layout interno por Alex Hormozi

AVISO LEGAL

O conteúdo deste livro foi elaborado com o objetivo de fornecer informações úteis sobre os assuntos abordados. Este livro não se destina a ser usado, nem deve ser usado, para diagnosticar ou tratar qualquer condição médica. Os números apresentados neste livro são teóricos e devem ser usados apenas para fins ilustrativos. A editora e o autor não se responsabilizam por quaisquer ações que você tome ou deixe de tomar como resultado da leitura deste livro e não se responsabilizam por quaisquer danos ou consequências negativas decorrentes de ações ou omissões de qualquer pessoa que leia ou siga as informações contidas neste livro. As referências são fornecidas apenas para fins informativos e não constituem endosso de quaisquer sites ou outras fontes. Os leitores também devem estar cientes de que os sites listados neste livro podem mudar ou se tornar obsoletos.

Princípios orientadores

Não há regras.

Obrigado

Para Leila:
Você é minha companheira para todas as horas:

*uma expressão usada para descrever uma pessoa (geralmente uma mulher) que está disposta
a fazer qualquer coisa pelo seu parceiro, amigo ou família, mesmo diante do perigo.*

Não conseguiria fazer isso sem você… e nem gostaria.

Você faz com que valha a pena acordar todos os dias.

Obrigado por ser quem você é, sem se desculpar por isso.

Você é incrível pra c****.

Para Trevor:
Você é o melhor amigo que alguém poderia ter.

Obrigado por passar horas e horas discutindo comigo as ideias que se tornaram este livro.

Ele não seria nem metade do que é sem sua busca incansável pela simplificação e clareza.

Eternamente grato pela nossa amizade.

Você me faz sentir menos sozinho no mundo.

Um brinde a ficarmos velhos e rabugentos.

ÍNDICE

COMECE AQUI

"Retornos extraordinários geralmente vêm de apostas contra o senso comum, e o senso comum geralmente está certo. Dada uma chance de 10% de um retorno 100 vezes maior, você deve aceitar essa aposta todas as vezes. Mas você ainda vai errar nove em cada dez vezes... Todos sabemos que, se você mirar bem alto, vai errar muitas vezes, mas também vai conseguir uns 'home runs'. Mas a diferença entre o beisebol e os negócios, é que o beisebol tem uma distribuição de resultados truncada. Quando você rebate, não importa o quão bem você acerte a bola, o máximo de corridas que você pode conseguir são quatro. Nos negócios, de vez em quando, quando você entra em campo, você pode atingir 1.000 corridas. Essa distribuição de retornos de cauda longa é o motivo pelo qual é importante ser ousado. Os grandes vencedores pagam por muitos experimentos".

— Jeff Bezos

Como empreendedores, fazemos apostas todos os dias. Somos jogadores — apostando nosso dinheiro suado em mão de obra, estoque, aluguel, marketing etc., tudo com a esperança de um retorno maior. Muitas vezes, perdemos. Mas, às vezes, ganhamos e ganhamos MUITO. No entanto, há uma diferença entre apostar nos negócios e apostar em um cassino. Em um cassino, as chances estão contra você. Com habilidade, você pode até melhorar, mas nunca vencer. Por outro lado, nos negócios, você pode melhorar suas habilidades para mudar as chances *a seu favor*. Simplificando, com habilidade suficiente, você pode se tornar a casa.

Depois de começar uma série de livros sobre aquisição, ficou claro que eu não poderia falar sobre nenhum outro assunto sem primeiro abordar *a oferta*: o ponto de partida de qualquer conversa para iniciar uma transação com um cliente. O que você está literalmente *oferecendo* a eles em troca do dinheiro deles. É aí que tudo começa.

Este livro é sobre como fazer ofertas lucrativas. Especificamente, como transformar *de forma confiável* os investimentos em publicidade em lucros (enormes) usando uma combinação de estratégias de preços, valor, garantias e nomenclatura. Chamo a combinação ideal desses componentes de *Oferta Grand Slam*.

Escolhi este termo em parte como homenagem à citação acima do fundador da Amazon, Jeff Bezos, e porque, tal como um Grand Slam no beisebol, uma Oferta Grand Slam é muito boa e muito rara. Além disso, para estender a metáfora do beisebol, não é preciso mais esforço para fazer uma Oferta Grand Slam do que para fazer um strike out. A diferença é ditada pela habilidade do profissional de marketing e pela sua capacidade de conectar sua oferta aos desejos do público. Nos negócios, você pode ter ofertas medianas: os "singles" e "doubles" que mantêm o jogo em andamento, pagam as contas e mantêm as luzes acesas. Mas, ao contrário do beisebol, onde um grand slam marca no máximo quatro pontos, uma oferta Grand Slam no mundo dos negócios pode render mil vezes mais e resultar em um mundo onde você nunca mais precisará trabalhar. Seria como conectar-se tão bem com a bola durante uma única rebatida que você automaticamente ganha todas as World Series pelos próximos cem anos.

São necessários anos de prática para fazer algo tão complicado como rebater uma bola rápida da liga principal para as arquibancadas parecer fácil. Sua postura, visão, previsão, velocidade da bola, velocidade do taco e posicionamento do quadril devem ser perfeitos. No marketing e na aquisição de clientes (o processo de conseguir novos clientes), temos muitas variáveis que devem estar alinhadas para realmente "rebater para fora do estádio". Mas com prática e habilidade suficientes, você pode transformar o mundo selvagem da aquisição, que te lança bolas curvas todos os dias, em um torneio de home runs, rebatendo oferta após oferta para fora do estádio. Para todos os outros, seu sucesso parecerá inacreditável. Mas para você, será como "mais um dia de trabalho". Os maiores rebatedores de todos os tempos também têm muitos strikeouts, assim como há muitas ofertas fracassadas no histórico dos grandes profissionais de marketing. Aprendemos habilidades através do fracasso e da prática. Fazemos isso sabendo que nove em cada dez tentativas vamos estar errados. Ainda assim, agimos com ousadia, esperando por aquela oferta com a qual nos conectamos tão bem que resulta em nossa grande recompensa.

A boa notícia é que, nos negócios, você só precisa acertar *uma* oferta grandiosa para se aposentar para sempre. Eu fiz isso quatro ou cinco vezes na minha vida. Quanto ao meu histórico, tenho um retorno de 36:1 sobre meus investimentos em publicidade ao longo da minha carreira empresarial. Considere isso minha "média de rebatidas" ao longo da vida, se quiser. Isso significa que, para cada R$ 1 que gasto em publicidade, recebo R$ 36 de volta, um retorno de 3600%. Essa é minha *média* ao longo de oito anos. E continuo melhorando.

Este livro é minha tentativa de compartilhar essa habilidade com você, com foco específico na criação de Ofertas Grand Slam, para que você possa experimentar os mesmos níveis de sucesso. É também o primeiro de uma série de livros destinados a levar os empreendedores à liberdade financeira, em palavras simples, à dinheiro "pra car…". Os livros subsequentes desta série abordarão mais profundamente como conseguir mais clientes, converter mais clientes potenciais em clientes definitivos, fazer com que esses clientes valham mais e outras lições que eu gostaria de ter aprendido antes ao expandir meus negócios.

Dica profissional: aprenda mais rápido e mais profundamente lendo e ouvindo ao mesmo tempo

Aqui está um truque que descobri há muito tempo… Se você ouvir o audiolivro enquanto lê o e-book ou o livro físico, aumentará sua velocidade de leitura e reterá mais informações. O conteúdo fica armazenado em mais lugares do seu cérebro. É assim que leio a maioria das coisas que valem a pena ler. Se quiser experimentar, vá em frente, pegue a versão em áudio e veja por si mesmo. Você pode achar isso tão valioso quanto eu (como alguém que tem dificuldade para manter o foco). Levei dois dias para ler este livro em voz alta e gravá-lo. Decidi colocar essa "dica" no início do livro para que você tivesse a chance de colocá-lo em prática caso achasse este primeiro capítulo valioso o suficiente para merecer sua atenção.

SEÇÃO I

COMO CHEGAMOS AQUI

A Verdade Desagradável

Como chegamos aqui

"A magia encontrará aqueles com corações puros, mesmo quando tudo parecer perdido".
– Morgan Rhodes

24 de dezembro de 2016. Véspera de Natal.

A sala estava completamente escura. Meus sapatos grudavam no chão coberto de refrigerante seco e pedacinhos de doces esmagados. Minhas narinas estavam cheias do cheiro de pipoca velha. Chegamos tarde demais para conseguir bons lugares e acabamos espremidos na frente da sala do cinema. Apenas algumas fileiras à minha frente, a projeção brilhante do filme ocupava todo o meu campo de visão. No brilho refletido, eu podia ver os contornos dos rostos da família da Leila. Eles pareciam hipnotizados.

Eu os invejava. Eles estavam sentados, encantados, aproveitando sua folga remunerada de Natal. *Deve ser bom.*

Qualquer outra pessoa não teria percebido, mas Leila, minha namorada na época, me conhecia muito bem. Qualquer outra pessoa teria pensado que eu estava assistindo ao filme, mas Leila percebeu que eu estava olhando fixamente para a tela, sem acompanhar o filme. Meu rosto estava pálido. Minhas maçãs do rosto e queixo pareciam magros. Semanas de estresse crônico tinham acabado com meu apetite.

"Qual o problema?", ela perguntou.

Eu não respondi.

Ela colocou a mão sobre a minha para chamar minha atenção. Eu não reagi. Em poucos instantes, seus dedos apertaram meu pulso e ela olhou para mim, seus olhos procurando os meus. "Seu coração está acelerado", ela sussurrou, preocupada.

Sem perguntar, ela mediu meu pulso.

Estava a 100 batimentos por minuto. Quase o dobro do que deveria ser para um homem de 27 anos em boa forma, em "repouso" numa sala fresca e escura.

"O que está acontecendo?", ela perguntou com mais veemência, mas ainda sussurrando.

A verdade é que eu estava apavorado.

Algumas horas antes…

Eu parecia um gigante. Estava sentado encolhido em uma cadeira infantil em miniatura. Meus joelhos quase tocavam meu peito, mesmo com os pés firmemente plantados no velho carpete bege. Meu laptop estava quente em cima dos meus joelhos dobrados. Bonecas e brinquedos estavam espalhados ao meu redor. Eles me encaravam com olhos arregalados e sorrisos largos, imóveis. Eu tinha sido o entretenimento deles nas últimas semanas.

Eu estava na casa dos pais da Leila. Eles haviam se tornado avós recentemente e usavam esse quarto extra como sala de jogos quando os netos os visitavam. Eu não tinha onde morar. Então, eles estavam deixando Leila e eu ficarmos lá "pelo tempo que precisássemos". Eles me deixaram usar a sala de jogos das crianças como escritório para o meu "negócio", que, naquele momento, parecia quase tão fantasioso quanto as histórias que eles contavam aos netos nessa sala.

Eu literalmente me sentia como se estivesse brincando de me fantasiar. Exceto que os riscos eram reais. E essa era a minha vida.

Minhas orelhas estavam quentes e vermelhas por causa do telefone pressionado contra elas por horas a fio. Eu ficava trocando de mão porque meus braços ficavam cansados de segurar o telefone por tanto tempo.

"Sinto muito, Sr. Hormozi", disse a voz do outro lado da linha, "temos que reter esses fundos pelos próximos seis meses. Vimos algumas atividades irregulares, então isso é uma medida de precaução".

"Você está brincando comigo, 120 mil dólares?", eu disse. "Uma 'medida de precaução'?"

"*Sinto muito, senhor, nossa equipe de subscrição…*"

"Sim, eu ouvi", eu disse, interrompendo-o. "Não aceito isso".

"Senhor, não depende de mim, é apenas nossa polít…"

"O que vou dizer ao meu vendedor, que tem um bebê e mais um a caminho? Você vai dizer a ele que não poderá comprar comida para sua esposa grávida e seu recém-nascido? Você vai pagar a hipoteca dele?"

Eu estava furioso.

"Senhor…" ele começou novamente, com apatia imperturbável, apenas tentando transmitir a notícia.

"Não cabe a você decidir". Minha agressividade estava rapidamente se transformando em desespero. "Merda, me envia metade para eu poder pagar meus funcionários", implorei. "É véspera de Natal, pelo amor de Deus".

"Senhor, vamos reter a totalidade dos seus fundos pelos próximos seis meses, conforme o seu contrato…" A voz se afastou.

Merda.

Desliguei e verifiquei minhas contas. *US$ 23.036.*

Eu devia ao meu vendedor um cheque de comissão de US$ 22.000 por US$ 120.000 em vendas que nunca recebi. Sem querer me dar a oportunidade de pensar sobre isso, transferi o dinheiro para ele.

- Pagamento de US$ 22.000 bem-sucedido.

Saldo: US$ 1.036.

Foda-se

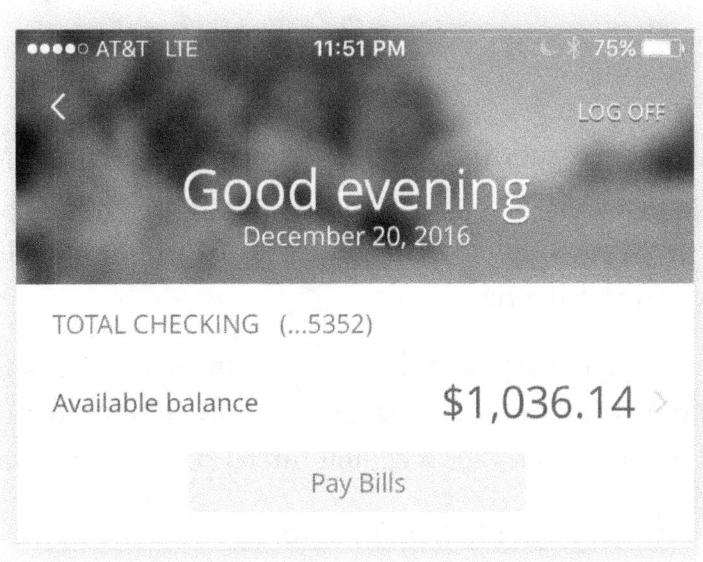

*Tirei uma captura de tela da minha conta bancária porque
sabia que um dia contaria essa história.*

***

A luz do sol me cegou quando saímos da sessão da tarde. Famílias entravam e saíam pelas portas giratórias, criando suas memórias felizes. Eu estava atordoado. Leila me levou até o carro, segurando minha mão com firmeza.

"O que há de errado? O que aconteceu?", ela perguntou.

"O dinheiro não tá entrando".

"Como assim?", ela perguntou. "Está atrasado?"

Eu expirei em derrota. "Eles estão ficando com tudo".

"Eles podem fazer isso?"

"Aparentemente, sim", respondi estoicamente, tentando manter a compostura na frente dos pais dela.

"O que você vai fazer com as comissões?"

"Já paguei a ele. Tudo". Eu disse isso sem olhar para ela.

A preocupação de Leila transformou-se em pavor.

Ficamos em silêncio durante todo o caminho de volta para casa. Eu olhava pela janela. Ela segurava minha mão. Foi mais reconfortante do que eu esperava. *Vamos superar isso.*

30 dias antes…

Eu tinha decidido apostar tudo nesse novo negócio que chamei de "Gym Launch". A ideia era a seguinte: eu viajaria pelo país visitando academias e as encheria até a capacidade máxima usando uma nova metodologia baseada em uma oferta que eu aperfeiçoei quando era dono da minha rede de academias.

Antes desse momento, eu havia vendido cinco das minhas seis academias. Os fundos da venda delas, o trabalho da minha vida, eu havia colocado em uma conta que tinha com um novo parceiro. Esse dinheiro deveria ser o capital inicial para nossa nova empresa.

Eu finalmente iria alcançar algum nível de sucesso.

Meu alarme tocou. Grogue, estiquei o braço às cegas, tentando alcançar a mesinha de cabeceira. Desliguei o alarme, enquanto a Leila conseguia dormir apesar da agitação.

Fiquei deitado em silêncio, verificando as contas bancárias — um ritual diário. O saldo era de US$ 300. Espere. Isso não podia estar certo. Ontem havia US$ 46.000 aqui.

Minha adrenalina disparou. Olhando mais de perto, vi *"-US$ 45.700 Pagamento bem-sucedido".*

Fiquei frenético.

O dinheiro da venda de todas as minhas academias tinha sumido. Verifiquei para onde o dinheiro tinha ido. Para o meu "parceiro". Ele tinha tirado todo o dinheiro.

Merda.

Os últimos quatro anos da minha vida desapareceram tão rapidamente. Eu oficialmente não tinha nada, e ainda menos para mostrar. Nenhuma academia. Nenhum equipamento. Nenhum funcionário. Nada.

Eu me senti morto por dentro.

Para piorar a situação, nesse mesmo período de 30 dias, minha mãe estava em estado crítico devido a um acidente quase fatal (e ainda estava sob supervisão 24 horas por dia), e eu havia destruído meu carro em uma colisão frontal a 96 km/h e ganhei uma multa por dirigir embriagado como prêmio de consolação.

Isso foi a cereja no topo do bolo. Minha única salvação durante esse período foi vender uma nova "oferta desafiadora" em uma academia e receber todo o dinheiro adiantado como minha "taxa" por transformar o negócio deles.

Então, fiz a única coisa que sabia fazer. *Vendi.* Meu vendedor havia faturado US$ 120.000 em um único mês, e eu lhe devia um cheque de comissão no valor de US$ 22.000.

O problema era que os US$ 120.000 nunca chegaram.

"Precisamos conversar", eu disse, enquanto Leila e eu íamos para a outra sala. Reuni coragem para falar, mas fiquei olhando para o chão, envergonhado.

"Não tenho nada", disse pra ela. "Sou um navio afundando, e você não precisa ficar comigo".

Ela segurou meu queixo e puxou meu rosto em direção ao dela para poder olhar nos meus olhos: "Eu dormiria com você debaixo de uma ponte se fosse preciso." Eu teria chorado de alegria, mas estava tão emocionalmente exausto que minha resposta pareceu apática.

Eu mesmo não ficaria comigo.

"Ainda vamos fazer esses lançamentos a partir de amanhã?", ela perguntou. "Todos os meus amigos largaram seus empregos para fazer isso". Ela estava sendo objetiva, mas ainda assim doeu. Eu me senti derrotado. "Olha, isso pode dar muito errado",

"Eu confio em você. Vamos dar um jeito".

Eu tinha duas coisas restantes naquele momento: uma oferta Grand Slam e um cartão de crédito comercial antigo com um limite de US$ 100.000, de quando eu tinha minhas academias.

No dia seguinte ao Natal (dois dias após a ligação angustiante com o processador de pagamentos), estávamos programados para lançar seis novas academias… ao mesmo tempo. Entre passagens aéreas, hotéis, aluguel de carros, gasolina e gastos com publicidade (tudo multiplicado por seis), eu gastaria US$ 3.300 por dia de um dinheiro que não tinha. Meu último dólar foi para pagar meu vendedor. Ainda me lembro da minha mão tremendo quando os anúncios foram ao ar:

Desligado → Ligado.

Assim, sem mais nem menos, eu estava me endividando a uma taxa de US$ 412 por hora de trabalho. Assim, sem mais nem menos, US$ 3.300 por dia começaram a ser deduzidos da minha conta.

-US$ 3.300… Agora estou oficialmente sem nada

-US$ 3.300… Agora tenho oficialmente menos do que nada

-US$ 3.300… Tenho 10.000 dólares a menos do que nada

-US$ 3.300… Só essa decisão já vai arruinar o meu futuro para sempre.

Mas as coisas começaram a melhorar. Aqui está o que aconteceu naquele mês (janeiro de 2017), conforme documentado pelos meus antigos registros de processamento que eu encontrei. Você pode ver o mês na coluna da esquerda e a receita arrecadada naquele mês na coluna da direita.

	Autorizações pendentes		Cobranças		Reembolsos		Retenções/ Contracargos		Vazios		Recusas		Totais	
	Conta	Valor	Conta	Valor	Conta	Valor	Conta	Valor	Conta	Valor	Conta	de aprovação	Conta	Valor
01/2017	0	$0.00	348	$102,605.64	7	$-2,488.33	0	$0.00	12	$2,002.98	148	70%	515	$100,117.31
02/2017	0	$0.00	847	$190,809.50	56	$-13,243.77	1	$-166.00	5	$1,247.00	232	78%	1141	$177,399.73
03/2017	0	$0.00	782	$177,820.58	61	$-12,701.50	4	$-997.00	21	$3,458.50	285	73%	1153	$164,122.08
04/2017	0	$0.00	704	$204,461.25	49	$-10,725.00	10	$-6,315.00	2	$-50.00	354	67%	1119	$187,421.25
05/2017	0	$0.00	191	$260,754.00	4	$-797.00	11	$-16,984.00	0	$0.00	42	82%	248	$242,973.00
06/2017	0	$0.00	214	$272,835.00	5	$-1,498.00	30	$-55,375.00	0	$0.00	1	100%	250	$215,962.00
07/2017	0	$0.00	282	$316,917.98	0	$0.00	21	$-23,450.00	0	$0.00	7	98%	310	$293,467.98
08/2017	0	$0.00	346	$393,370.62	0	$0.00	28	$-32,998.99	1	$100.00	45	88%	420	$360,371.63
09/2017	0	$0.00	478	$543,376.29	1	$-1,000.00	64	$-65,792.00	0	$0.00	41	92%	584	$476,584.29
10/2017	0	$0.00	799	$828,709.31	7	$-5,798.00	50	$-49,887.00	8	$8,000.00	31	96%	895	$773,024.31
11/2017	0	$0.00	1076	$1,132,319.31	8	$-8,000.00	66	$-64,296.00	1	$1.00	92	92%	1243	$1,060,023.31
12/2017	0	$0.00	1315	$1,363,956.31	13	$-17,296.00	83	$-82,099.00	1	$1,000.00	111	92%	1523	$1,264,561.31
01/2018	0	$0.00	1609	$1,621,972.81	15	$-28,175.00	97	$-88,995.00	8	$9,000.00	102	94%	1831	$1,504,802.81
Totals	0	$0.00	8991	$7,409,908.60	226	$-101,722.60	465	$-487,354.99	59	$24,759.48	1491	86%	11232	$6,820,831.01

Ganhamos US$ 100.117! Foi o suficiente para cobrir os US$ 3.300/dia que estavam sendo debitados do cartão de crédito. Estava realmente funcionando. Eu mal podia acreditar. Eu lancei o meu último recurso e o universo o aceitou. Passei de procurar advogados especializados em falências a decidir o que fazer com US$ 3 milhões em lucros, acumulados nos primeiros doze meses. Parecia surreal. E, olhando pra trás, ainda parece.

No final do ano, estávamos faturando mais de US$ 1.500.000 por mês. Doze meses depois, US$ 4.400.000 por mês. Por mês. Vinte e quatro meses depois, ultrapassamos US$ 120 milhões em vendas e doamos US$ 2 milhões para ajudar a financiar a igualdade de oportunidades em áreas de baixa renda. Conhecemos e fizemos amizade com Arnold Schwarzenegger (nosso herói da vida toda) e fomos convidados a ser membros do conselho de sua instituição de caridade, *a After School All Stars*.

Leila e eu conhecemos Arnold Schwarzenegger em sua casa. Agora fazemos parte do conselho nacional de sua instituição de caridade After School All Stars. Criar as ofertas Grand Slam nos deu acesso a pessoas com quem só sonhávamos.

Doze meses depois disso, temos um portfólio de sete empresas de oito dígitos e empresas de múltiplos oito dígitos em diversos setores (fotografia, publicação, fitness, consultoria empresarial, beleza) e tipos de negócios (redes físicas, software, serviços, comércio eletrônico, treinamento e educação). Nossas empresas do portfólio agora faturam cerca de US$ 1.600.000 *por semana* (e continuam crescendo).

Digo isso porque, sinceramente, não consigo acreditar. Tudo isso aconteceu graças a uma garota que acreditou em mim, um cartão de crédito e uma oferta Grand Slam.

Sei que te teletransportei da pobreza para a riqueza. E a pergunta natural *é: como?* É isso que vou explicar no restante deste livro (e nos livros restantes e cursos gratuitos desta série Acquisition.com).

A habilidade de fazer ofertas me salvou da falência e provavelmente salvou minha vida. Cometi muitos erros na vida. Tomei muitas decisões ruins. Magoei pessoas conscientemente e por engano. Fiz coisas ruins com boas intenções. Digo isso porque sou humano. Não finjo ter as respostas. Tenho meus próprios demônios com os quais luto todos os dias. Mas, apesar de minhas muitas falhas, ainda consegui me tornar muito bom nessa *única* coisa… e gostaria de compartilhar isso com você. Posso te ensinar como criar ótimas ofertas.

Não sei quem você é (sim, você, que está lendo isto). Mas agradeço do fundo do meu coração. Obrigado por me permitir fazer um trabalho que considero significativo. Obrigado por me dar seu bem mais valioso: sua atenção. Prometo fazer o meu melhor para lhe dar um retorno positivo por isso.

Aqui está a primeira boa notícia: se você está lendo isso, então já está entre os 10% melhores. A maioria das pessoas compra coisas e logo depois as ignora. Também posso dar um spoiler: quanto mais você avança no livro, maiores são as dicas. É só observar.

Este livro cumpre o que promete.

O mundo precisa de mais empreendedores. Precisa de mais lutadores. Precisa de mais magia. E é isso que estou compartilhando com você: magia.

Ofertas Grand Slam

"Faça às pessoas uma oferta tão boa que elas se sintam estúpidas em recusar".
– Travis Jones

Eu tinha 23 anos e, para citar Ruth, de Ozark, não sabia "nada sobre nada". Mas lá estava eu, em uma suíte de hotel em Las Vegas, junto com dez empresários, aprendendo sobre marketing e vendas... vestindo minha camiseta mais estilosa, com a frase "beast mode" (uma camiseta que eu tinha ganhado de graça e uma das cinco camisetas que eu tinha na época).

Sinceramente, eu estava ansioso, constrangido e achava que estava cometendo um grande erro. Eu havia pagado US$ 3.000 de um dinheiro que eu não tinha para conseguir um lugar à mesa. Eu sabia que precisava aprender. Todos lá tinham um negócio... exceto eu. Eu estava planejando abrir um, uma academia.

TJ, o organizador, tinha vários negócios de sucesso. Enquanto revisava a agenda, lembro que ele fez um comentário casual sobre ganhar US$ 1 milhão naquele ano.

Um. Milhão. De dólares. Fiquei fascinado. *Eu queria ser como esse cara. Faria qualquer coisa.* O problema era que eu não sabia do que eles estavam falando. KPIs? CPLs? Taxas de conversão? Minha cabeça girava enquanto eu fingia que sabia do que eles estavam falando. Mas eu não sabia, e sou péssimo em fingir.

Entre as "sessões", TJ me encontrou. Ele percebeu que eu estava completamente perdido. TJ era gentil, curioso e atencioso. Depois de um pouco de conversa fiada, ele me fez uma pergunta simples que mudou minha vida para sempre...

"Você quer saber o segredo das vendas?"

Eu nunca tinha vendido nada na vida. Nunca tinha nem lido um livro sobre o assunto. Eu tinha aprendido recentemente o que o termo significava (sério). Inclinei-me para a frente, com a intenção de absorver cada sílaba que ele dizia.

Abri meu caderno e olhei para ele com atenção. Eu estava pronta para *o* segredo.

Ele olhou para mim com seriedade e disse: "Faça às pessoas uma oferta tão boa que elas se sintam estúpidas em recusar".

Acenei com a cabeça, anotei, sublinhei e circulei. E com isso, toda a minha visão de mundo sobre vendas se transformou.

> **FAÇA UMA OFERTA TÃO BOA QUE AS PESSOAS SE SINTAM ESTÚPIDAS SE RECUSAREM.**

Minha mente começou a trabalhar rapidamente. Eu não precisava ser habilidoso… nem mesmo bom. Eu só precisava pensar em coisas que *qualquer pessoa* aceitaria. O maior jogo da minha vida havia começado.

Sobre o que é este livro

Em algum momento, todo empresário de sucesso foi um *aspirante a empreendedor*. Uma pessoa cheia de ideias e frustrada por ter potencial de sobra. Uma chavinha vira quando eles percebem a troca horrível que eles (e tantas pessoas) fazem — trocar sua liberdade por uma segurança (falsamente) percebida.

Seu desconforto aumenta. E quando o desconforto de permanecer na mesma situação supera o desconforto da mudança, eles dão o salto. *Vou ser um empreendedor para poder ser livre. Livre para fazer o que quiser, quando quiser, com quem quiser.*

Alguns aprenderam sobre empreendedorismo por meio do desenvolvimento pessoal.

Outros entraram nisso por meio de uma franquia.

Outros compraram cursos.

E alguns simplesmente disseram: "FODA-SE. Vou fazer isso. Vou fazer dar certo".

E fizeram funcionar mesmo.

A maioria de nós abre uma loja com a intenção de ajudar as pessoas de alguma forma. Muitas vezes, essa ajuda está de alguma forma relacionada a algo que nos afetou pessoalmente. Decidimos "retribuir" oferecendo valor aos outros, ajudando-os a resolver um problema que já nos atormentou. Por outro lado, às vezes essa não é a nossa motivação. Em ambos os casos, nos agarramos ao sonho de ganhar mais e ser mais livres do que somos agora.

Muitos de nós pensávamos, ingenuamente, que ter um negócio próprio seria nossa maior conquista — um destino final — quando, na realidade, era apenas o começo.

De alguma forma, na transição entre "paixão por ajudar os outros" e "ter meu primeiro negócio", gradualmente percebemos que não sabemos nada sobre negócios, muito menos sobre como obter lucro.

Podemos saber muito sobre nossa paixão, sobre *por que* começamos o negócio, mas isso não significa que sabemos alguma coisa sobre como ter sucesso nos negócios. Para grande decepção dos idealistas a parte, ter sucesso nos negócios significa fazer com que clientes em potencial nos paguem por nossos serviços. Nossa paixão pelas moedas que eles ganharam com tanto esforço. Esse é o acordo. A única maneira de facilitar essa troca, de realizar transações, de literalmente conduzir os negócios como um negócio, *é fazendo uma oferta ao cliente em potencial.*

Afinal, o que é uma oferta?

A *única* maneira de conduzir negócios é por meio de uma troca de valor, uma troca de dinheiro por valor. A oferta é o que inicia essa troca. Em resumo, a oferta são os bens e serviços que você concorda em fornecer ou prestar, como você aceita o pagamento e os termos do acordo. É o que *dá início* ao processo de conquistar clientes e ganhar dinheiro. É a primeira coisa com que qualquer novo cliente irá interagir em sua empresa. Como a oferta é o que atrai novos clientes, ela é a força vital da sua empresa.

Sem oferta? Sem negócio. Sem vida.

Oferta ruim? Lucro negativo. Sem negócios. Vida miserável.

Oferta decente? Sem lucro. Negócio estagnado. Vida estagnada.

Oferta boa? Algum lucro. Negócio razoável. Vida razoável.

Oferta Grand Slam? Lucro fantástico. Negócio incrível. Liberdade.

Este livro ajuda os empreendedores a criar essas ofertas Grand Slam. São ofertas tão eficazes, lucrativas e transformadoras que parecem ser fruto da sorte! Pelo menos é o que parece para quem não tem experiência.

Como você provavelmente já sabe, criei milhares de ofertas na última década. A maioria fracassou. Algumas foram razoáveis. E algumas foram um sucesso… mas eu nunca soube *realmente* por quê. Como disse o Dr. Burgelman, um famoso professor da escola de negócios de Stanford, é muito melhor entender o porquê de você ter fracassado do que ignorar o porquê de você ter tido sucesso.

   17

Mas, à medida que os dados começaram a chegar, o que parecia ser "sorte" e "fortuna" estava mais próximo de uma estrutura que poderia ser repetida. Tive a sorte de ter acertado várias vezes para documentar essas estruturas e ter conseguido que "o raio caísse duas vezes no mesmo lugar".

Organizei as etapas e os componentes dessas estruturas em um formato lógico e fácil de entender, para que sejam realmente úteis. Hoje. Agora mesmo. Estou oferecendo ações concretas. Em vez de um livro triste, mas típico, com teorias vagas de negócios e masturbação mental.

Os dois principais problemas que a maioria dos empreendedores enfrenta e como este livro os resolve

Embora você *possa* fazer uma lista interminável dos problemas que enfrenta, o que é uma ótima maneira de se estressar, todos esses problemas geralmente derivam de dois grandes fatores:

1) Clientes insuficientes

2) Falta de dinheiro (pouco lucro no final do mês)

Parece óbvio, certo? Custa mais dinheiro e tempo para conseguir mais clientes, resolvendo assim o primeiro problema, e esse dinheiro vem das margens de lucro, o que cria o segundo problema! O que é mais irritante é que os clientes em potencial comparam e menosprezam nossos serviços em favor de alternativas mais baratas e de pior qualidade — com a mais barata "vencendo". Isso, é claro, quando "vencer" significa trabalhar mais por ainda menos (carinha triste).

Digamos que você reduziu os preços para conseguir mais clientes. Você pode até ter uma carteira cheia de clientes. Mas aqui está você, mal conseguindo sobreviver porque as margens de lucro são muito pequenas. A "concorrência" se torna uma corrida para o fundo do poço.

Se você está enfrentando uma ou ambas as questões, saiba que não está sozinho. Eu já passei por isso. Na verdade, acho que *todos* os empreendedores enfrentam esses mesmos desafios.

Também quero que você saiba que não é culpa sua. Os modelos típicos não foram projetados para maximizar o lucro. Eles foram projetados por empresas que têm muito dinheiro e podem operar com prejuízo por *anos*. Quando esses modelos são usados no mundo real, os empresários mal conseguem "sobreviver". Eles basicamente "compram um emprego" e trabalham 100 horas por semana para evitar trabalhar 40. É um péssimo negócio. Acho que, se você for como eu, você procura algo melhor.

Mantenha a mente aberta. O conteúdo deste livro, se colocado em prática, pode transformar seu negócio… rapidamente.

Não se preocupe se você não entende de números financeiros ou modelos de negócios. Eu fiz todo esse trabalho por você. Vou guiá-lo passo a passo pelo processo nestas páginas. Vou explicar detalhadamente cada um dos dois grandes problemas que abordamos acima, incluindo por que eles não funcionam. Em seguida, vou mostrar as soluções. E, para encerrar esta aventura, explicarei como aumentar o valor para maximizar o quanto você ganha por cliente, para que você possa superar todos no mercado e acumular dinheiro.

Usamos esse modelo de oferta para todos os nichos com os quais trabalhamos (quiropráticos, dentistas, academias, agências, encanadores, telhados, passeadores de cães, produtos físicos, software, lojas físicas e muitos outros), e é incrível como as coisas podem melhorar rapidamente com cada um deles quando usam essa estrutura.

O que você ganha com isso?

Cometi todos os erros (idiotas) possíveis nos negócio. Agora, você pode aprender com meus erros embaraçosos, brutais e multimilionários sem ter que sofrer a dor por conta própria.

Construir esses negócios foi uma jornada muito difícil e emocional para mim. Eu não trocaria essas experiências por nada neste mundo. No entanto, se este livro ajudar a apenas um empreendedor a evitar o sofrimento que eu passei, manter seu negócio aberto ou realizar seus sonhos, tudo terá valido a pena.

Se você estiver disposto a trocar o tempo que leva para assistir a dois episódios de seu programa de TV favorito e realmente estudar este livro — e se *implementar* pelo menos um componente da oferta —, posso garantir que você conquistará mais clientes e aumentará seus lucros. Ler este livro e levá-lo a sério será o melhor retorno sobre o tempo investido em seu negócio. Nada mais permitirá que você faça, no mesmo período de tempo, o que este livro ensina a fazer. Isso é uma promessa.

Como benefício adicional — implementar uma nova oferta é uma das coisas mais fáceis de se fazer em um negócio. Então você realmente *pode* fazer isso. Não se trata de alguma prática de gestão ou cultura empresarial misteriosa. Trata-se do verdadeiro "como vender coisas por muito dinheiro".

O que eu ganho com isso?

Eu ofereço todos esses materiais (este livro, o curso que o acompanha e todos os outros livros e cursos que você pode encontrar em Acquisition.com) gratuitamente ou pelo custo, de ajudar o maior número possível de pessoas a ganhar mais e servir mais. E eu os criei com a intenção de oferecer mais valor do que você poderia obter em um curso de US$ 1.000, em qualquer programa de coaching de US$ 30.000 e, hilariamente, mais do que em um diploma universitário de US$ 200.000. E faço isso porque, embora pudesse vender esses materiais nesse formato, *simplesmente não quero*. Ganhei meu dinheiro *fazendo* essas coisas, não *ensinando como fazê*-las, ao contrário da maioria da comunidade de marketing em geral. Portanto, meu modelo é diferente (eu vou explicar melhor já já).

Dito isso, há dois arquétipos principais aos quais procuro agregar valor com meus materiais publicados. Para o arquétipo I, empreendedores com lucros *inferiores* a US$ 1 milhão por ano, meu objetivo é ajudá-los a chegar lá e *ganhar sua confiança*. Experimente algumas táticas deste livro, veja como elas funcionam, depois experimente mais algumas, veja como elas funcionam… e assim por diante. Quanto mais você vir resultados em seu próprio negócio, melhor.

Depois de ter sucesso, você se torna o arquétipo II, empreendedores *com um mínimo de* US$ 1 milhão por ano em lucros. Quando chegar lá, ou se já estiver nessa situação, terei a honra de investir no seu negócio e ajudá-lo a ultrapassar US$ 30 milhões, US$ 50 milhões ou US$ 100 milhões. Eu não vendo coaching, mentorias, cursos ou nada parecido. Em vez disso, tenho um portfólio de empresas nas quais tenho participação acionária. Eu uso a infraestrutura, os recursos e as equipes de todas as minhas empresas para acelerar o crescimento delas.

Mas não acredite em mim ainda… *acabamos de nos conhecer*.

Se você estiver curioso, meu modelo de negócios é simples, assim como o logotipo da pirâmide de quatro peças:

1) Fornecer valor sem custo, muito além do que o resto do mercado cobra.

2) Fazer com que os empreendedores usem materiais que realmente funcionam e ganhem dinheiro ajudando mais pessoas

3) Ganhar a confiança dos empresários hiper-executores que usam as estruturas para expandir seus negócios

4) Investir nesses negócios para causar mais impacto em escala, ajudando todos os outros gratuitamente.

Se você observar com atenção, o processo faz a engenharia reversa do sucesso. Acho isso muito legal. Veja como: sei que esses empresários podem executar as estruturas que tenho sem precisar de ajuda e, portanto, provavelmente terão sucesso com o próximo conjunto de estruturas (chegar a US\$ 30 milhões, US\$ 50 milhões, US\$ 100 milhões é diferente de chegar a US\$ 3 milhões a US\$ 10 milhões). Eles sabem que meu estilo funciona para eles, porque já funcionou. Portanto, operamos com base na confiança mútua — eu confio que eles podem executar e eles confiam que nosso trabalho funciona — novamente, porque já funcionou… tudo isso enquanto ajudamos todos os outros… de graça. Isso me permite evitar falhas de forma preventiva e aumenta drasticamente a probabilidade de sucesso. Deixe-me mostrar o quanto…

No momento em que escrevo este livro, todos os negócios que comecei desde março de 2017 alcançaram uma receita mensal de US\$ 1.500.000. De acordo com a Small Business Administration, as chances de um único negócio atingir US\$ 10 milhões/ano em receita são de 0,4%, ou 1 em 250. Ter isso acontecendo quatro vezes seguidas é 0,4% x 0,4% x 0,4% x 0,4% = uma probabilidade muito baixa de que tenha sido sorte. Assim, posso afirmar com convicção que sabemos como recriar o sucesso usando as estruturas que compartilho repetidamente. Elas funcionam porque são princípios empresariais atemporais.

Todos os dias, visualizo ativamente como era acordar no meio da noite suando frio, imaginando como iria pagar os salários. Essa "meditação" angustiante me mantém motivado como empreendedor, mas também grato pela minha segurança e paz de espírito. Desejo isso para você e para qualquer pessoa que se importe com o que faz.

Justo?

Ótimo. Então, vamos lá.

Resumo básico deste livro

Este livro pretende ser um recurso. Como recurso, quero dizer que será algo que você vai ler e depois guardar na sua caixa de ferramentas, voltando a ele repetidas vezes. Por quê? Como Einstein diz: "Nunca memorize nada que você possa consultar". Os negócios não são um esporte para espectadores. Você não está estudando para uma prova intermediária e não é um filósofo fraco.

Você trabalha. E para trabalhar, você precisa de ferramentas. Esta, meu amigo, é uma dessas ferramentas.

<u>Esboço geral</u>

- Seção I: Como chegamos aqui (você acabou de terminar)

- Seção II: Preços: como cobrar muito dinheiro por algo

- Seção III: Valor: crie sua oferta: como fazer algo tão bom que as pessoas façam fila para comprar

- Seção IV: Aprimorando sua oferta: como tornar sua oferta tão boa que as pessoas se sintam idiotas em recusá-la

- Seção V: Próximos passos: como fazer isso acontecer no mundo real

Para cursos e livros gratuitos tão bons que fazem seu negócio crescer sem o seu consentimento, acesse: <u>Acquisition.com/training/offers</u>. Você também pode escanear o código QR se não gostar de digitar.

SEÇÃO II

PREÇOS

Como cobrar muito dinheiro pelas coisas

Preços: O Problema das Mercadorias

"Cresça ou morra" é um princípio fundamental em nossas empresas. Acreditamos que todas as pessoas, todas as empresas e todos os organismos estão crescendo ou morrendo. Manutenção é um mito.

Isso significa que, se sua empresa não está crescendo, ela está morrendo. Essa é uma realidade preocupante para muitos de nós. Aprendi da maneira mais difícil, e meus negócios sofreram por muito tempo por causa disso.

Deixe-me explicar. O mercado está em constante crescimento. O mercado de ações cresce 9% ao ano. Se não estivermos crescendo 9% ao ano, estamos ficando para trás. "Manutenção", no sentido mais genérico, seria um crescimento de 9% ano após ano.

Além disso, se você está em um mercado em crescimento, talvez precise crescer de 20% a 30% ao ano apenas para acompanhar o ritmo, ou correrá o risco de ficar para trás. Então, você pode ver como a manutenção é um mito.

Então, o que é necessário para crescer? Felizmente, apenas três coisas simples:

> 1) **Conquistar mais clientes**
>
> 2) **Aumente o valor médio de compra deles**
>
> 3) **Fazer com que comprem mais vezes**

É isso.

Claro, existem muitas maneiras de adquirir clientes e inúmeras maneiras de aumentar o valor dos pedidos e a frequência de compra, mas, simplificando, é isso. Essas são as únicas três maneiras de crescer.

Exemplo: se eu vender para 10 clientes por mês e um cliente valer US$ 1.000 para mim ao longo de sua vida útil (através do valor médio do carrinho x número médio de compras), então meu negócio terá um limite de US$ 10.000/mês (10 x US$ 1.000).

**10 novos clientes/mês x US$ 1.000 de valor vitalício
= US$ 10.000/mês de receita máxima.**

Se você deseja crescer, precisa vender para mais clientes todos os meses (mantendo margens adequadas) ou fazer com que eles valham mais (aumentando o lucro por compra ou o número de vezes que compram). É isso.

Nota do autor - Apenas duas maneiras de crescer

Para simplificar ainda mais esse conceito. Na verdade, existem apenas duas maneiras de crescer: conseguir mais clientes e aumentar o valor de cada cliente. "Aumentar o valor de cada cliente" tem duas subcategorias: 1) Aumentar o lucro por compra 2) Aumentar o número de vezes que eles compram. Para os fins deste livro, destaco ambas as subcategorias como caminhos individuais de crescimento. Fiz isso porque acho que será mais fácil entender os modelos de dinheiro que virão no Volume III. Todos os três — conseguir mais clientes, aumentar o valor médio de compra e fazer com que comprem mais — são temas recorrentes neste livro. Mas se você busca simplicidade, tanto aumentar o valor médio de compra quanto aumentar o número de vezes que um cliente compra acaba em um único resultado: aumentar o valor de cada cliente.

Termos comerciais

Antes de prosseguir e para melhor desenvolver os conceitos que se seguem, devemos dedicar um momento para definir e compreender melhor alguns conceitos empresariais fundamentais. Quando eu estava naquela cobertura em Las Vegas com minha camiseta "beast mode", eu não tinha ideia do que significavam esses termos. Deixe-me ajudá-lo a ser melhor do que, bem, eu.

Lucro bruto: a receita menos o custo direto de atender um cliente ADICIONAL. Se eu vender um creme por US$ 10 e ele me custar US$ 2, meu lucro bruto será de US$ 8, ou 80%. Se eu vender serviços de agência por US$ 1.000/mês e me custar US$ 100/mês em mão de obra para veicular a publicidade desse cliente, meu lucro bruto será de US$ 900, ou 90%. Observação: isso *não* é lucro líquido. O lucro líquido é o que sobra depois que *todas* as despesas são pagas, não apenas os custos diretos de atendimento.

Valor Vitalício: o lucro bruto acumulado ao longo de toda a vida útil de um cliente. É o lucro bruto multiplicado pelo número de compras que um cliente médio fará ao longo de sua vida. Usando o exemplo acima, se o cliente médio fica cinco meses e paga US$ 1.000/mês, enquanto me custa US$ 100 por mês para cumprir, então seu valor vitalício é de US$ 4.500.

Aqui está o detalhamento:

Receita: (US$ 1.000/mês * 90% de margem bruta * 5 meses) = US$ 4.500 Valor Vitalício (LTV)

Observe que os custos indiretos, como administração, software, aluguel etc., não estão incluídos no (LTV).

Observação: você encontrará diferentes definições para valor vitalício, dependendo da fonte. A maior diferença é que algumas fontes contam apenas a receita total, enquanto outras se concentram no lucro bruto ao longo da vida útil. Eu me concentro no lucro bruto. Você também pode me ver me referindo a isso como **LTGP (Lucro Bruto Vitalício)** em outros textos, para maior clareza.

Compras orientadas pelo valor vs. compras orientadas pelo preço

Este livro foi concebido para ser um manual para qualquer empresa que queira *crescer*. Passei (e continuo a passar) centenas de horas em chamadas e reuniões presenciais aconselhando empreendedores sobre como elaborar as suas ofertas. Vi aquelas que dispararam para a estratosfera e aquelas que fracassaram.

Ter uma oferta Grand Slam torna quase impossível perder. Mas por quê? O que faz ela ser tão impactante? Em resumo, ter uma oferta Grand Slam ajuda em todos os *três* requisitos para o crescimento: conseguir mais clientes, fazer com que eles paguem mais e fazer com que eles comprem mais vezes.

Como? Ela permite que você se diferencie do mercado. Em outras palavras, permite que você venda seu produto com base no VALOR, não no PREÇO.

Comoditizado = Compras baseadas no preço (corrida para o fundo do poço)

Diferenciado = Compras orientadas pelo valor (venda em uma categoria única, sem comparação. Sim, o mercado é importante, o que explicarei no próximo capítulo)

Uma mercadoria, como eu a defino, é um produto disponível em muitos lugares. Por esse motivo, ela está sujeita a compras baseadas no "preço" em vez do "valor". Se todos os produtos são "iguais", então o mais barato é o mais valioso por padrão. Em outras palavras, se um cliente em potencial compara seu produto a outro e pensa "eles são praticamente iguais, vou comprar o mais barato", então ele o comoditizou. Que vergonha! Mas, na verdade… é uma das piores experiências que um empreendedor orientado pelo valor pode ter.

Este é um problema enorme para o empreendedor, porque as comodities são avaliadas no ponto de eficiência do mercado. Isso significa que o mercado reduz o preço por meio da concorrência até que as margens sejam *apenas* suficientes para manter as luzes acesas: "apenas o suficiente" para se tornar um escravo do próprio negócio. O negócio ganha "apenas o suficiente" para justificar que o proprietário espere ansiosamente que as coisas "mudem", e quando essa mentira é percebida… já é tarde demais para mudar (pelo menos até agora).

A Oferta Grand Slam resolve esse problema.

Mas o que uma oferta Grand Slam faz?

Muito bem, vamos começar por definir uma oferta Grand Slam.

É uma oferta que você apresenta ao mercado e que não pode ser comparada a nenhum outro produto ou serviço disponível, combinando uma promoção atraente, uma proposta de valor incomparável, um preço premium e uma garantia imbatível, tudo isso com um modelo de dinheiro (condições de pagamento) que permite que você *seja pago* para conseguir novos clientes… removendo para sempre a restrição de caixa no crescimento dos negócios.

Em outras palavras, permite que você venda em uma "categoria única" ou, para usar outra ótima expressão, "venda no vácuo". A decisão de compra resultante para o cliente potencial agora é entre o seu produto *e nada*. Assim, você pode vender a qualquer preço que o cliente potencial perceba, sem comparação com qualquer outra coisa. Como resultado, você consegue mais clientes, com preços mais altos, gastando menos dinheiro. Se você gosta de termos de marketing sofisticados, isso se resume a:

> **1) Aumento das taxas de resposta (pense em cliques)**
>
> **2) Aumento da conversão (pense em vendas)**
>
> **3) Preços premium (pense em cobrar muito dinheiro).**

Ter uma oferta Grand Slam aumenta suas taxas de resposta aos anúncios (ou seja, mais pessoas clicarão ou realizarão uma ação em um anúncio que vejam contendo uma oferta Grand Slam).

Se você paga o mesmo valor pela exposição, mas 1) mais pessoas respondem, 2) mais dessas respostas resultam em compras e 3) elas compram por preços mais altos, seu negócio *cresce*.

Eu "achei ouro" na minha parte das ofertas. Não porque eu tenha algum superpoder, mas porque já fiz isso muitas vezes (e falhei ainda mais). Eu separei o que falha cronicamente e guardei tudo o que tem sucesso reproduzível (e coloquei neste livro).

Aqui está a principal lição a ser aprendida com tudo isso: uma empresa faz o *mesmo* trabalho em ambos os casos (com uma oferta comoditizada ou uma oferta Grand Slam). O cumprimento é o mesmo. Mas se uma empresa usa uma oferta Grand Slam e outra usa uma oferta "comoditizada", a oferta Grand Slam faz com que essa empresa pareça ter um produto totalmente diferente — e isso significa uma compra orientada pelo valor, em vez de orientada pelo preço.

Se você tiver uma oferta "comoditizada", você competirá em preço (tendo uma compra orientada pelo preço versus uma compra orientada pelo valor). Sua Oferta Grand Slam, no entanto, força um cliente em potencial a parar e *pensar de forma diferente* para avaliar o valor do seu produto diferenciado. Fazer isso estabelece você como sua própria categoria, o que significa que é muito difícil comparar preços, o que significa *que você* recalibra o medidor de valor do cliente em potencial.

Oferta Grand Slam na vida real: matemática do dinheiro antes e depois

Um breve histórico… uma de nossas empresas é um software que agências de publicidade usam para trabalhar leads para seus clientes. Usando esse software, as agências transformam sua oferta de uma oferta comoditizada de serviços de geração de leads em uma Oferta Grand Slam de "pagamento por desempenho". Deixe-me mostrar o efeito multiplicador que isso tem sobre a receita do negócio.

Embora arredondados para fins ilustrativos, esses valores são baseados em números reais de uma agência de geração de leads que vende serviços para empresas físicas

Método antigo e comoditizado (orientado pelo preço) — Corrida para o fundo do poço

Oferta comoditizada: US$ 1.000 adiantados e US$ 1.000/mês de retenção pelos serviços da agência

Métrica	Commodity	Grand Slam	Explicação
Despesas com publicidade	US$ 10.000		Dólares gastos em publicidade
Impressões alcançadas	300.000		Visualizações alcançadas pela publicidade
Índice de resposta	0,00013		Porcentagem de pessoas que marcam uma consulta (Proporção de cliques [ou CTR] x % de inscrições)
Encontros marcados	40		Número de encontros agendadas como resultado
Índice de reservas	75%		Porcentagem de pessoas que reservam encontros
Comparecimento efetivo	30		Número de pessoas que comparecem ao encontros
% de fechamentos	16%		% de pessoas que compram
Negócios fechados	5		Número de pessoas que compram
Preço	$1.000		Valor inicial pago para iniciar o serviço
Total	$5.000		Valor total cobrado como pagamento inicial
ROAS	0,5:1		Retorno do investimento em publicidade (ROAS)

Discriminando: Com um retorno sobre o investimento em publicidade de 0,5 para 1, você perde dinheiro ao conquistar clientes. Mas, em 30 dias, esses 5 clientes pagarão mais US$ 1.000 cada, levando você a um total de US$ 10.000 e ao ponto de equilíbrio. No mês seguinte, os US$ 5.000 recebidos seriam seu primeiro mês lucrativo, e todos os meses seguintes seriam lucrativos (supondo que todos permaneçam).

Este é um exemplo de um serviço comoditizado — trabalho normal de agência. Existem milhões deles, e todos parecem iguais. Negócios e ofertas comoditizados têm mais dificuldade em obter respostas dos anúncios porque todo o seu marketing parece igual ao de todos os outros.

> **Observação:** tudo parece igual porque todos estão fazendo a mesma oferta.
>
> *Você nos paga para trabalhar.*
>
> *Nós trabalhamos.*
>
> *Talvez você obtenha resultados com esse trabalho. Talvez não.*

É razoável, mas é facilmente duplicado (e sujeito à comoditização). *Essa comoditização cria uma compra orientada pelo preço…*

Você é forçado a ter preços "competitivos" para conseguir clientes *e* permanecer assim para mantê-los. Se o cliente encontrar uma versão mais barata da "mesma coisa", a discrepância de valor fará com que ele troque de fornecedor. Esse é um dilema… perder esse cliente, o resto dos seus clientes e clientes em potencial, ou permanecer "competitivo". Suas margens ficam tão pequenas que *desaparecem*.

Além disso, é difícil fazer com que os clientes em potencial digam sim (e continuem dizendo sim), a menos que você esteja hipervigilante em relação aos clientes que comoditizam o seu negócio, mantendo-se "competitivo". E esse é o problema com a maneira antiga e comoditizada. Eles são capazes de comparar. A menos que você mude para uma Oferta Grand Slam, seus preços continuarão sendo derrubados. O negócio acaba morrendo, ou o empreendedor joga a toalha. Não é bom.

Queremos fazer uma oferta tão diferente que você possa pular a explicação embaraçosa de por que seu produto é diferente de todos os outros (o que, se eles tiverem que perguntar, provavelmente são ignorantes demais para entender a explicação) e, em vez disso, apenas deixar que a oferta faça esse trabalho por você. Essa é a maneira da Oferta Grand Slam.

Vamos mergulhar para ver o contraste nos números de vendas.

Oferta Grand Slam de um jeito novo (diferenciada, incomparável) (orientada por valor)

Oferta Grand Slam: Pague uma única vez. (Sem taxas recorrentes. Sem adiantamento.) Basta cobrir os gastos com publicidade. Eu vou gerar leads e trabalhar com eles para você. E você só vai me pagar se as pessoas aparecerem. E eu garanto que você terá 20 pessoas no primeiro mês, ou o próximo mês será gratuito. Também vou fornecer todas as melhores práticas de outras empresas como a sua.

- Treinamento diário de vendas para sua equipe

- Roteiros testados

- Preços e ofertas testados para copiar e implementar

- Gravações de vendas

… e tudo o mais que você precisa para vender e atender seus clientes. Eu lhe darei o manual completo para (insira o setor), totalmente gratuito, apenas por se tornar um cliente.

Em resumo, estou atraindo pessoas para o seu negócio e mostrando-lhe exatamente como vender para que possa obter os preços mais altos, o que significa que ganha o máximo de dinheiro possível… te parece justo?

É claro que essas são ofertas drasticamente diferentes… mas e daí? Onde está o *dinheiro*? Vamos comparar as duas no gráfico abaixo.

Métrica	Mercadoria	Grand Slam	Diferença
Despesas com publicidade	$10.000	$10.000	Sem variações
Impressões alcançadas	300.000	300.000	Sem variações
Índice de resposta	0,00013	0,00033	**2,5x mais respostas (mais atraente, portanto, maior resposta)**
Encontros reservados	40	100	Resultado
Índice de reservas	75%	75%	Sem variações
Comparecimento efetivo	30	75	Resultado
% de fechamentos	16%	37%	**4x mais preço (taxa única vs. recorrente)**
Encontros fechados	5	28	Resultado
Preço	$1.000	$3.997	**4x mais preço (taxa única vs. recorrente)**
Total	$5.000	$112.000	**22,4x mais pelo pagamento inicial cobrado**
ROAS	0,5 : 1	11.2 : 1	**Cobrança por conquista de clientes**

Discriminando: Você gasta a mesma quantia de dinheiro para atrair a mesma quantidade de pessoas. Então, você consegue que 2,5 vezes mais pessoas respondam ao seu anúncio, porque é uma oferta mais atraente. A partir daí, você fecha 2,5 vezes mais negócios, porque a oferta é muito mais atraente. A partir daí, você consegue cobrar um preço 4 vezes mais alto antecipadamente. O resultado final é 2,5 x 2,5 x 4 = 22,4 vezes mais dinheiro arrecadado antecipadamente. Sim, você gastou US$ 10.000 para ganhar US$ 112.000. Você acabou *de ganhar dinheiro* conquistando novos clientes.

<u>**Comparação:**</u> lembra-se da maneira antiga, em que você perdia metade do investimento com publicidade antecipadamente? Com a nova maneira, você está ganhando *mais* dinheiro *e* conquistando *mais* clientes. Isso significa que seu custo para adquirir um cliente é tão barato (em relação ao quanto você ganha) que seu fator limitante passa a ser sua capacidade de fazer o trabalho que você já adora fazer. O fluxo de caixa e a aquisição de clientes não são mais seu gargalo, porque são 22,4 vezes mais lucrativos do que o modelo antigo. Sim. Você leu certo. Esta é a parte do filme de ação em que você se afasta de uma explosão em câmera lenta.

Esta é exatamente a oferta Grand Slam que usamos com nosso negócio de software que atende agências. Os números podem ficar loucos… rapidamente. Eu sei que 22,4 vezes melhor parece irracional, mas esse é o ponto. Se você jogar o mesmo jogo que todo mundo, terá os mesmos resultados que todo mundo (medíocres). Você acerta singles e doubles, mantém as luzes acesas, mas nunca sai na frente. Mas lembre-se da passagem inicial deste livro: quando você alinha todas as peças, pode se sair tão bem que vence *para sempre.* Nos meus primeiros 18 meses no negócio, passamos de US$ 500 mil/ano para US$ 28 milhões/ano com menos de US$ 1 milhão em gastos com publicidade. Então, quando digo retornos de 20:1… 50:1… 100:1, estou falando sério. Quando você acerta isso, os resultados são, bem… inacreditáveis.

Pontos de resumidos

Este capítulo ilustrou o problema básico da comoditização e como as Ofertas Grand Slam resolvem isso. Isso tira você da guerra de preços e o coloca em uma categoria à parte. O próximo capítulo se concentrará em encontrar o mercado correto para aplicar nossas estratégias de preços. É uma das coisas mais importantes a se acertar. Uma oferta grand slam dada ao público errado vai cair em ouvidos surdos. Queremos evitar isso a todo custo. Precisamos nos desviar dos preços por um momento para aprender o que procurar em um mercado. É um ponto essencial a ser verificado antes de continuarmos nossa jornada.

BRINDE GRÁTIS Nº 1 TUTORIAL BÔNUS: "COMECE AQUI"

Se você quiser se aprofundar no assunto, acesse Acquisition.com/training/offers e assista ao primeiro vídeo do curso gratuito (estrelado por mim mesmo) sobre como eu diferencio as ofertas nas empresas que presto consultoria e faço com que elas cobrem preços premium. Também criei alguns SOPs/Cheat Codes gratuitos para você usar e implementar mais rapidamente. Você também pode escanear o QR Code se não gostar de digitar. É totalmente gratuito. Aproveite.

Preços: Encontrando o mercado certo — uma multidão faminta

Um professor de marketing perguntou aos seus alunos: "Se vocês fossem abrir uma barraca de cachorro-quente e pudessem ter apenas *uma* vantagem sobre os concorrentes… qual seria…?"

"Localização! … Qualidade! … Preços baixos! … Melhor sabor!"

Os alunos continuaram até que, finalmente, ficaram sem respostas. Eles se entreolharam, esperando que o professor falasse. A sala finalmente ficou em silêncio.

O professor sorriu e respondeu: *"Uma multidão faminta"*.

Você pode ter os piores cachorros-quentes, preços terríveis e estar em uma localização péssima, mas se você for a única barraca de cachorro-quente da cidade e houver um jogo de futebol americano universitário local, você vai vender tudo. Esse é o valor de uma multidão faminta.

No final das contas, se houver uma grande demanda por uma solução, você pode ser medíocre nos negócios, ter uma oferta péssima e não ter capacidade de persuadir as pessoas, e *ainda assim* ganhar dinheiro.

Um exemplo disso foi a escassez de papel higiênico no início da Covid-19. Não havia oferta. O preço era absurdo. E não havia nenhum argumento de venda convincente. Mas como a multidão era tão grande e estava tão faminta, os rolos de papel higiênico estavam sendo vendidos por US$ 100 ou mais. Esse é o valor de uma multidão faminta.

Vendendo jornais

Um bom amigo meu, Lloyd, era dono de uma empresa de software que atendia jornais há quase uma década. Eles configuraram serviços de publicidade digital nos sites dos jornais com apenas alguns cliques e instantaneamente os ajudaram a vender um produto publicitário totalmente novo. Ele cobrava apenas uma porcentagem da receita que gerava. Portanto, se eles não ganhavam nada, ele também não. Era um ganho puro para os jornais e uma ótima oferta.

Mas, apesar de ter uma ótima oferta e habilidade natural para vendas, seu negócio começou a declinar. Sendo um empreendedor de alto desempenho, ele tentou todas as diferentes abordagens para resolver o problema — *mas nada funcionou*. Ele não conseguia descobrir qual era o problema. Era difícil para mim vê-lo lutando com isso, porque acho que Lloyd é muito mais inteligente do que eu, e a resposta parecia óbvia para mim. Mas vê-lo passar por isso foi uma lição que levei comigo para o resto da vida. Antes de revelar, qual você acha que era o problema? O produto? A oferta? O marketing e as vendas? Sua equipe?

Vamos analisar. Não era o produto — ele era ótimo. Não era a oferta — ele tinha um modelo de revshare sem risco. Não eram suas habilidades de vendas — ele era um vendedor nato. Então, qual era o problema? *Ele estava vendendo para jornais!* Seu mercado estava encolhendo 25% *ao ano*! Ele havia analisado todos os ângulos, exceto o mais óbvio. Finalmente, após anos lutando uma batalha difícil em seu mercado, ele percebeu que seu mercado era a fonte de seus problemas e decidiu reduzir o tamanho de sua empresa.

Não se preocupe — essa história tem uma segunda parte. Para ilustrar o poder de um mercado, assim que a COVID chegou, Lloyd mudou de rumo. Ele abriu uma empresa de fabricação automatizada de máscaras. Com a nova tecnologia, ele reduziu o custo por máscara para menos do que as pessoas podiam comprá-las da China. Em cinco meses, ele estava faturando *milhões por mês*. O mesmo empreendedor. Mercado diferente. Ele aplicou as *mesmas* habilidades em um negócio *no qual não tinha nenhuma experiência* e conseguiu vencer. Esse é o poder de escolher o mercado certo.

Conto essa história como um alerta. *Seu mercado é importante.* Lloyd é uma pessoa *muito* inteligente. Ele é obviamente muito capaz. Mas todos nós podemos ficar cegos como empreendedores porque não gostamos de desistir. Estamos tão acostumados a resolver problemas impossíveis que continuamos batendo a cabeça contra a parede. Odiamos desistir. Mas a realidade é que todos são afetados pelo seu mercado.

Então, como escolher o mercado certo?

O que procurar

Existe um mercado que precisa desesperadamente de suas habilidades. Você precisa encontrá-lo. E quando o encontrar, você vai lucrar, enquanto se pergunta por que demorou tanto. Não seja romântico em relação ao seu público. Atenda às pessoas que podem pagar o que você vale. E lembre-se de que escolher um mercado, como qualquer outra coisa, é sempre uma escolha nossa, então escolha com sabedoria.

Para vender qualquer coisa, você precisa de demanda. Não estamos tentando *criar* demanda. Estamos tentando canalizá-la. Essa é uma distinção muito importante. Se você não tem um mercado para sua oferta, nada do que vier a seguir funcionará. Todo este livro se baseia na suposição de que você tem pelo menos um mercado "normal", que eu defino como um mercado que está crescendo na mesma proporção que o mercado em geral e que tem necessidades comuns não atendidas que se enquadram em uma das três categorias: melhoria da saúde, aumento da riqueza ou melhoria dos relacionamentos. Por exemplo, Lloyd, da reportagem do jornal acima, poderia ter lido todo este livro e nada aqui teria funcionado para ele. Por quê? Porque ele teria como alvo os jornais, um mercado em declínio.

Dito *isso*, ter um ótimo mercado é uma vantagem. <u>Mas você pode estar em um mercado normal que está crescendo a uma taxa média e ainda assim ganhar muito dinheiro.</u> Todos os mercados em que estive foram mercados normais. Você só não quer vender gelo para esquimós.

Aqui estão os princípios básicos do que procuro nos mercados. Vamos analisá-los antes de voltarmos à oferta.

Ao escolher mercados, procuro quatro indicadores:

1) Dor intensa

Eles não devem querer, mas precisar desesperadamente do que estou oferecendo. Dor pode ser qualquer coisa que frustra as pessoas em suas vidas. Estar sem dinheiro é doloroso. Um casamento ruim é doloroso. Esperar na fila do supermercado é doloroso. Dor nas costas… dor de sorriso feio… dor de excesso de peso… Os seres humanos sofrem muito. Portanto, para nós, empreendedores, há oportunidades infinitas.

O grau da dor será proporcional ao preço que você poderá cobrar (mais sobre isso no capítulo Equação de Valor). Quando ouvirem a solução para sua dor e, inversamente, como seria sua vida *sem* essa dor, eles devem se sentir atraídos pela sua solução.

Tenho um ditado que uso para treinar equipes de vendas: *"A dor é o argumento da venda"*. Se você conseguir expressar com precisão a dor que um cliente em potencial está sentindo, ele quase sempre comprará o que você está oferecendo. Um cliente em potencial deve ter um problema doloroso para que possamos resolver e cobrar por nossa solução.

Dica profissional

objetivo de uma boa redação é fazer com que o leitor *compreenda*.

objetivo de uma boa persuasão é fazer com que o cliente em potencial se sinta *compreendido*.

2) Poder de compra

Um amigo meu tinha um sistema muito bom para ajudar as pessoas a melhorar seus currículos e conseguir mais entrevistas de emprego. Ele era ótimo nisso. Mas, por mais que tentasse, ele simplesmente não conseguia fazer com que as pessoas pagassem por seus serviços. Por quê? Porque todas elas estavam desempregadas!

Mais uma vez, isso pode parecer óbvio. Mas ele pensava: *"Essas pessoas são um alvo fácil. Elas estão sofrendo muito. São muitas e novos casos são adicionados constantemente. É um ótimo mercado!"*

Ele simplesmente esqueceu um ponto crucial: seu público precisa ter condições de pagar pelo serviço que você está cobrando. Certifique-se de que seus alvos tenham dinheiro ou acesso à quantia necessária para comprar seus serviços pelos preços que você cobra, para que valha a pena o seu tempo.

3) Fácil de atingir

Digamos que você tenha um mercado perfeito, mas não tenha como encontrar as pessoas que o compõem. Bem, fazer uma oferta Grand Slam será difícil. Eu facilito minha vida procurando mercados fáceis de segmentar. Exemplos disso são avatares que pertencem a associações, listas de e-mails, grupos de mídia social, canais que todos assistem, etc. Se nossos clientes em potencial estão todos reunidos em algum lugar, então podemos comercializar para eles. Se procurá-los, no entanto, é como encontrar agulhas em um palheiro, então pode ser muito difícil apresentar sua oferta a olhos potencialmente interessados.

Este ponto é tático. É a realidade, não é teoria. Por exemplo, você pode *querer* atender médicos ricos. Mas se seus anúncios estiverem sendo exibidos para estudantes de enfermagem, sua oferta cairá em ouvidos surdos, não importa o quão boa ela seja. Ponto principal: você deve se certificar de que pode atingir seu público ideal facilmente. *(Esclarecimento: não há problema em querer atender médicos ricos, eles são fáceis de encontrar. Isso é apenas um exemplo de que suas promoções devem ser direcionadas ao público certo).*

4) Crescimento

Mercados em crescimento são como um vento favorável. Eles fazem tudo avançar mais rápido. Mercados em declínio são como ventos contrários. Eles tornam todos os esforços mais difíceis. Esse foi o exemplo de Lloyd. Os jornais tinham três dos quatro ingredientes de um ótimo mercado: (1) muito sofrimento, (2) poder aquisitivo, (3) fácil de segmentar. Mas eles estavam encolhendo (rapidamente). Por mais que ele se esforçasse, todo o mercado estava contra ele. Os negócios já são difíceis o suficiente, e os mercados mudam rapidamente. Portanto, é melhor encontrar um bom mercado que lhe dê um vento a favor para facilitar o processo.

Tornando isso realidade

Existem três mercados principais que sempre existirão: saúde, riqueza e relacionamentos. A razão pela qual eles sempre existirão é que há sempre uma dor tremenda quando você não os tem. Há sempre demanda por soluções para essas dores humanas fundamentais. O objetivo é encontrar um subgrupo menor dentro de um desses grupos maiores que esteja crescendo, tenha poder de compra e seja fácil de atingir (as outras três variáveis).

Portanto, se eu fosse um especialista em relacionamentos tentando encontrar meu avatar, preferiria me concentrar no coaching de "relacionamentos na segunda metade da vida" para idosos do que ajudar estudantes universitários em seus relacionamentos. Por quê? Porque os idosos que estão sozinhos provavelmente sofrem mais, pois estão mais próximos da morte (dor), têm mais poder aquisitivo (dinheiro) e são fáceis de encontrar (segmentação). Por fim, no momento em que este artigo foi escrito, há mais pessoas completando 65 anos a cada ano do que completando 20 (crescimento).

Essa é a ideia. Pense no que você faz de melhor em relação à saúde, riqueza e relacionamentos. Em seguida, pense em quem poderia valorizar mais o seu serviço (está sofrendo mais), tem poder aquisitivo para pagar o que *você* quer (dinheiro) e pode ser encontrado facilmente (segmentação). Contanto que esses três critérios sejam fortes *e* o mercado não esteja encolhendo, você estará em boa situação.

Mas qual é a importância para o seu sucesso de encontrar um "ótimo mercado" em comparação com um "mercado normal" ou um "mercado ruim"? A resposta: na verdade, depende. Deixe-me explicar.

Ordem de importância: três alavancas para o sucesso

É improvável que você esteja em um mercado em declínio, como o exemplo dos jornais. Também é improvável que você esteja vendendo papel higiênico durante a COVID (frenesi de compras). Provavelmente, você estará em um mercado "normal". E isso é totalmente aceitável. É possível ganhar muito dinheiro em mercados normais. Meu único argumento aqui é que você não pode estar em um mercado "ruim", ou nada vai funcionar. Dito isso, aqui está a ilustração mais simples da ordem de importância entre mercados, ofertas e habilidades de persuasão:

Multidão faminta (mercado) > Força da oferta > Habilidades de persuasão

Digamos que você fosse classificar esses elementos em uma escala de ótimo, normal e ruim. Você poderia basicamente seguir da esquerda para a direita em ordem de importância. Uma classificação "ótima" em um elemento de ordem superior supera qualquer outro elemento inferior na escala de prioridade. Uma classificação "normal" passa a bola para a próxima parte da equação. Uma classificação "ruim" interrompe a equação, *a menos que* uma classificação "ótima" de um componente de prioridade mais alta a anule. Aqui estão alguns exemplos:

Exemplo nº 1: mesmo que você tenha uma oferta ruim e seja ruim em persuasão, você vai ganhar dinheiro se estiver em um mercado ótimo. Se você estiver na esquina vendendo cachorros-quentes quando os bares fecharem às 2 da manhã, com uma multidão de bêbados famintos, você vai vender todos os seus cachorros-quentes.

Exemplo nº 2 (a maioria de nós): se você estiver em um mercado normal e tiver uma oferta Grand Slam (ótima), poderá ganhar muito dinheiro, mesmo que seja ruim em persuasão. Essa é a maioria das pessoas que estão lendo este livro. É por isso que o escrevi — para ajudá-lo a maximizar seu sucesso, aprendendo a realmente construir uma oferta Grand Slam.

Exemplo nº 3: digamos que você esteja em um mercado normal e tenha uma oferta normal. Para ter um sucesso enorme, você *teria* que ser *excepcionalmente* bom em persuasão. Só assim você terá sucesso, com suas habilidades de persuasão servindo como o ponto de apoio do seu sucesso. Bom, muitos impérios foram construídos por persuasores excepcionais. É apenas o caminho mais difícil de seguir e requer mais esforço e aprendizado. Acertar na sua oferta ajuda você a encurtar esse caminho para o sucesso. Caso contrário, você terá apenas um negócio normal que exige habilidades excepcionais para ser bem-sucedido (não há nada de errado nisso, mas provavelmente não é o que você esperava).

Comprometa-se com o nicho

Tenho um ditado quando treino empreendedores a escolher o seu mercado-alvo: *"Não me faça te dar um tapa de nicho"*.

Muitas vezes, um empreendedor novato tenta sem entusiasmo *uma* oferta em *um* mercado, não ganha um milhão de dólares e então pensa erroneamente que "este é um mercado ruim". Na maioria das vezes, esse não é realmente o caso. Eles simplesmente ainda não encontraram uma oferta grand slam para aplicar nesse mercado.

Eles pensam: *"Vou deixar de ajudar dentistas e passar a ajudar quiropráticos — é isso!"* Quando, na realidade, ambos são mercados normais e representam bilhões de dólares em receita. Qualquer um deles funcionaria, *mas não os dois*. Você deve escolher *um*. Ninguém pode servir a dois senhores.

Criei o termo "tapa de nicho" para lembrar aos empreendedores das minhas comunidades que devem se comprometer depois de escolherem. Todos os negócios e todos os mercados têm características desagradáveis. A grama nunca é mais verde do outro lado. Se você ficar pulando de nicho em nicho, esperando que o mercado resolva seus problemas, você merece levar *um tapa de nicho.*

Você deve permanecer fiel à sua escolha por tempo suficiente para passar por tentativas e erros. Você irá falhar. Na verdade, você irá falhar até ter sucesso. Mas você irá falhar por muito mais tempo se continuar mudando seu público-alvo, porque terá que recomeçar do zero a cada vez. Portanto, escolha e se comprometa.

A riqueza está nos nichos

A outra razão para se comprometer com o nicho é o quanto mais você vai ganhar. Simplificando, especializar-se em um nicho lhe renderá muito mais dinheiro.

> ### Nota do autor - Quando expandir (conselho para a maioria das pessoas)
>
> Para a maioria das pessoas, se você fatura menos de US$ 10 milhões por ano, especializar-se em um nicho lhe renderá mais dinheiro. Depois disso, dependerá de quão restrito é o nicho ou do que é chamado de TAM (mercado total endereçável). Uma empresa só pode realmente crescer para atender ao mercado total endereçável. Dito isso, para a maioria das pessoas, chegar a US$ 10 milhões por ano já é uma conquista que os põe entre os 0,4% melhores (apenas 1 em cada 250 empresas alcança isso). Portanto, para 99,6% dos leitores com menos de US$ 10 milhões por ano, quase sempre é mais fácil atender *menos* clientes de forma *mais* restrita. Mas se você quiser ir além disso, <u>talvez</u> (dependendo do tamanho do seu TAM) tenha que ampliar seu público-alvo indo para o mercado superior, inferior ou para um mercado adjacente onde seus serviços existentes possam agregar valor.
>
> Para contextualizar, muitas empresas expandiram para mais de US$ 30 milhões por ano atendendo a um único nicho: quiropráticos, academias, encanadores, energia solar, telhados, proprietários de salões de beleza, etc. Se você está com US$ 1 milhão ou US$ 3 milhões, pensando que atingiu o limite e precisa expandir, você está errado. Você só precisa ser melhor.

Quando realmente compreendi quanto *lucro* estava deixando de ganhar, isso mudou minha vida. Foi o que me levou a deixar de fazer aquisições para *qualquer pessoa* e passar a ensiná-las a um avatar específico. No meu caso, decidi por um proprietário de microacademia com cerca de 100 membros, um contrato de aluguel assinado, pelo menos um funcionário e que queria ajudar os clientes a perder peso. Isso é bastante específico em comparação com "proprietários de pequenas empresas" ou "qualquer pessoa que me pague", o que é comum. E eu fui muito específico. Nesse negócio (Gym Launch), recusamos — e ainda recusamos — qualquer pessoa que <u>não</u> seja esse avatar. Isso significa que não aceitamos personal trainers, treinadores online, etc.

Eu poderia ter ajudado essas pessoas? Claro que sim. Afinal, a maior parte do nosso portfólio é composta por empresas que não são academias. Mas, para manter o foco no produto e mensagens de alta conversão, saber *exatamente* para quem o produto era destinado foi um divisor de águas. Isso nos ajudou a saber *exatamente* com quem estávamos falando o tempo todo. E *exatamente* quais problemas estávamos resolvendo.

Mas simplicidade e facilidade podem não ser suficientes para convencê-lo, então deixe-me ilustrar por que se concentrar em <u>um nicho fará você ganhar mais dinheiro</u>.

Motivo: você pode literalmente cobrar 100 vezes mais pelo mesmo produto. Dan Kennedy foi a primeira pessoa a me mostrar isso, e farei o possível para passar essa informação para você nestas páginas.

<u>Exemplo de precificação de produto de nicho:</u>

Produto	Preço
Gerenciamento de tempo	$19
Gestão do tempo para profissionais de vendas	$99
Gestão do tempo para vendas B2B externas	$499
Gestão do tempo para representantes de vendas B2B de ferramentas elétricas e jardinagem	$1997

Dan Kennedy me ensinou isso (e mudou minha vida para sempre). Digamos que você tenha vendido um curso genérico sobre gerenciamento de tempo. A menos que você fosse um grande guru do gerenciamento de tempo com uma história convincente ou única, seria improvável que isso se transformasse em algo significativo. Quanto você acha que vale "mais um" curso de gerenciamento de tempo? US$ 19, US$ 29? Claro. Nada digno de nota. Digamos apenas US$ 19, para fins ilustrativos.

Agora vamos liberar o poder dos preços nichados em várias etapas do seu produto.

Então, vamos imaginar que você torna o produto mais específico, mantendo os mesmos princípios, e o chama de "Gerenciamento de tempo para profissionais de vendas". De repente, esse curso é para um tipo mais específico de pessoa. Poderíamos vincular o aumento a mais uma venda ou mais um negócio, e ele valeria mais. Mas há muitos vendedores. Portanto, esse pode ser um produto de US$ 99. Ótimo, mas podemos fazer melhor.

Então, vamos descer mais um nível de nicho e chamar nosso produto de… "Gerenciamento de tempo para representantes de vendas B2B". Seguindo os mesmos princípios de especificidade, agora sabemos que nossos vendedores provavelmente têm negócios e comissões muito experientes. Uma única venda renderia facilmente US$ 500 (ou mais) a esse vendedor, então seria fácil justificar um preço de US$ 499. Isso já é um aumento de 25 vezes no preço de um produto quase idêntico. Eu poderia parar por aqui, mas vou dar mais um passo adiante.

Vamos nos especializar em um último nível… "Gerenciamento de tempo para representantes de vendas externas de ferramentas elétricas e jardinagem B2B". Buum.

Pense nisso por um segundo: se você fosse um representante de vendas de ferramentas elétricas, pensaria: "Isso foi feito exatamente para mim" e pagaria *com prazer* talvez US$ 1.000 a US$ 2.000 por um programa de gerenciamento de tempo que poderia ajudá-lo a atingir seu objetivo.

As partes do programa podem ser as mesmas do curso genérico de US$ 19, mas como foram aplicadas e a mensagem de vendas é tão relevante para esse avatar, eles vão achar o programa mais atraente *e* obter mais valor dele de forma real. Esse conceito se aplica a qualquer coisa que você decidir fazer. Você quer ser "o cara" que atende "esse tipo de pessoa" ou resolve "esse tipo de problema". E ainda mais específico: "Eu resolvo esse tipo de problema para esse tipo específico de pessoa dessa maneira única e contraintuitiva que reverte seu medo mais profundo".

É por isso que um programa de fitness para perda de peso genérica pode custar apenas 19 dólares, enquanto um programa de fitness concebido e comercializado apenas para enfermeiros pode custar 1997 dólares… (embora o núcleo do programa seja provavelmente semelhante - comer menos, movimentar-se mais).

Resultado final: o mercado é importante. O seu nicho é importante. E se você pode vender o mesmo produto por 100 vezes o preço, você deve fazê-lo?

Deixo que você decida.

Pontos de resumo

O objetivo deste capítulo é reforçar duas coisas. Primeiro, não escolha um mercado *ruim*. Mercados normais são bons. Mercados excelentes são ótimos. Segundo, depois de escolher, comprometa-se com ele até descobrir como funciona.

Se você tentar *cem ofertas*, *prometo* que terá sucesso. A maioria das pessoas nunca tenta nada. Outras falham uma vez e desistem. É preciso resiliência para ter sucesso. Não torne as coisas pessoais! Não se trata de você! Se sua oferta não funcionar, isso não significa que você seja ruim. Significa que sua oferta é ruim. É uma grande diferença. Você só será ruim se parar de tentar. Então, tente novamente. Você nunca se tornará de classe mundial se parar após uma tentativa fracassada.

Se você encontrar um mercado incrivelmente bom, aproveite-o ao máximo. E se você combinar uma oferta Grand Slam com um mercado incrível, provavelmente nunca mais precisará trabalhar (sério). Portanto, tenha esse conjunto de habilidades — a capacidade de avaliar com precisão os mercados, levando em consideração a dor, o dinheiro, o público-alvo e o crescimento — na manga para que, quando a oportunidade surgir, você possa garantir que ela se repita.

Depois de estabelecer como conquistar um mercado, vamos voltar à questão dos preços. O primeiro passo para ganhar muito dinheiro é cobrar preços premium.

BRINDE GRÁTIS Nº 2 TUTORIAL BÔNUS: MERCADOS VENCEDORES

Se você quiser saber mais sobre como eu escolho mercados e encontro nichos lucrativos, acesse o curso Acquisition.com/training/offers e assista ao tutorial em vídeo "Winning Markets" (Mercados vencedores). Também incluí uma lista de verificação gratuita para você avaliar seu mercado ou nicho. Você também pode escanear o código QR se não quiser digitar. É totalmente gratuito. Aproveite.

Preços: cobre o que vale a pena

Uma foto do Gym Lords Summit 2019 para nossos proprietários de academias de alto nível, todos exibindo meu bigode moderno.

Janeiro de 2019.

Tudo o que eu conseguia ver era escuridão. Meus olhos pareciam colados. Eu estava acordado, mas a fadiga nas minhas têmporas parecia um peso de dois quilos preso com fita adesiva ao meu crânio, puxando minhas pálpebras para baixo. Tive que me concentrar com força para abri-las.

Os detalhes da sala mal iluminada surgiram. Rolei até a beira da cama do quarto de hotel, sentindo cada músculo do meu corpo à medida que meu peso se deslocava. Curvado de lado, pude ver minhas roupas espalhadas pelo chão. Eu estava tão exausto na noite anterior que nem me lembrava de tê-las tirado.

Eu tinha acabado de passar por cinco dias exaustivos de apresentações. Dois dias de apresentações para nossos clientes de mais alto nível, seguidos imediatamente por dois dias de planejamento com toda a nossa empresa (mais de 135 funcionários).

Eu tinha perdido uma chamada do FaceTime do meu pai no dia anterior. Não tinha nada na minha agenda para a manhã. Então, levantei-me com dificuldade, vesti um moletom com capuz e calças de moletom e fui até o corredor do hotel para ligar de volta para ele. Após as cortesias iniciais, ele imediatamente foi direto ao motivo da ligação: preocupação parental.

"Vi a foto que você postou de todos os seus clientes…", disse ele, mas em um tom incomumente preocupado. "Achei que o evento fosse para todos os seus clientes mais importantes. Não sabia que era um grande evento. Parecia que você tinha mil pessoas lá!"

Sozinho no corredor e lutando para me livrar do peso da exaustão, tentei entender de onde vinha a preocupação dele e o que ele queria dizer. Eu já tinha explicado tudo isso para ele. "Era apenas para nossos clientes de nível mais alto, não eram todos os nossos clientes", disse eu. "Apenas aqueles que pagam US$ 42.000 por ano… nossos Gym Lords, como eu te disse".

"Todas as pessoas nessa foto pagaram US$ 42.000 para você?" Ele parecia quase assustado com a ideia.

"Sim, incrível, né?" Minha voz estava rouca de tanto falar e de milhares de conversas de vinte segundos.

"O que você está fazendo é legal?", ele perguntou. *Uau. Isso escalou rapidamente, pensei comigo mesmo.* "Eles sabem que estão pagando tanto assim para você?"

"Sim, é legal. E é claro que eles sabem. Não é como se fosse uma mágica para tirar dinheiro".

"É muito dinheiro. Espero que o que você está oferecendo a eles valha a pena."

Pensei se valia a pena me aprofundar no assunto ou simplesmente ignorá-lo. Mas, sabendo que isso seria "um problema", respirei fundo e comecei a explicar. "Se eu lhe rendesse US$ 239.000 a mais este ano, você me pagaria US$ 42.000?", perguntei, usando "US$ 239.000" porque era o aumento médio na receita bruta de uma academia que usava nossos sistemas por 11 meses.

"Com certeza", ele disse, "quero dizer, se eu soubesse que iria recuperar esse valor. Mas o que eu teria que fazer?"

"Cerca de 15 horas de trabalho por semana".

"E quanto tempo levaria para eu ganhar os US$ 239.000?"

"Onze meses".

"E quanto dos US$ 42.000 eu teria que pagar adiantado?"

"Nada. Pague-me assim que começar a ganhar dinheiro usando o sistema".

Vi que ele entendeu. Meu pai compreendeu. "Ah", disse ele, "bem, então, sim, eu faria isso".

"E é por isso que eles também fazem isso".

***

Ganhar muito dinheiro confunde a cabeça das pessoas. Isso literalmente amplia suas mentes muito além do que elas acreditam ser possível, e elas presumem que você está fazendo algo errado ou ilegal. Elas literalmente "não conseguem nem imaginar".

Por quê? Porque elas pensam consigo mesmas… *elas não podem ser tão mais inteligentes do que eu ou trabalhar tanto mais do que eu, então como é possível que ganhem 1.000 vezes mais do que eu? Dinheiro suficiente para que eu levasse literalmente dez vidas para ganhar o que elas ganham em um ano.*

Nos três anos que antecederam a escrita deste livro, eu levei para casa mais de US$ 1.200.000/mês em lucros. Todos os meses. Isso é mais do que a remuneração dos CEOs da Ford, McDonalds, Motorola e Yahoo… juntos… todos os anos… como um jovem de vinte e poucos anos.

Isso irrita aqueles que acreditam que a vida não é justa. Confunde outros que não conseguem compreender e acreditam que deve ter havido um erro. E inspira alguns poucos selecionados, que estão destinados à grandeza.

Espero que você esteja na última categoria, porque é para ela que estou escrevendo isto.

Você *consegue* fazer isso.

Você só precisa aprender *como*.

E eu vou lhe mostrar.

Discrepância entre preço e valor

"Espero que o que você está oferecendo a eles valha a pena".

Essas palavras provavelmente seriam dolorosas para a maioria das pessoas, mas quando meu pai as disse para mim, eu sabia que ele não entendia o *valor* que estávamos oferecendo.

O que quero mostrar a você é como criar e comunicar valor, também conhecido como o "valor" de uma oferta.

Para entender como fazer uma oferta atraente, você precisa entender *o valor*. As pessoas compram *algo* para conseguir um *bom negócio*. Elas acreditam que o que estão recebendo (VALOR) vale *mais* do que estão pagando por isso (PREÇO). No momento em que o valor que recebem fica abaixo do que estão pagando, elas param de comprar de você. Essa discrepância entre preço e valor é o que você precisa evitar a todo custo.

Afinal, como disse Warren Buffet, "Preço é o que você paga. Valor é o que você recebe".

A maneira mais simples de aumentar a diferença entre preço e valor é reduzindo o preço. Na maioria das vezes, essa também é a decisão errada para o negócio.

Fazer com que as pessoas comprem NÃO é o objetivo de uma empresa. Ganhar dinheiro é. E reduzir o preço é um caminho sem volta para a destruição para a maioria — você só pode descer até US$ 0, mas pode subir infinitamente na direção oposta. Portanto, a menos que você tenha uma maneira revolucionária de reduzir seus custos para 1/10 em comparação com a concorrência, não concorra em preço.

Como disse Dan Kennedy: "Não há benefício estratégico em ser o segundo mais barato do mercado, mas há em ser o mais caro".

Portanto, o objetivo da nossa Oferta Grand Slam será fazer com que mais pessoas digam sim *a um preço mais alto*, aumentando nossa discrepância entre valor e preço. Em outras palavras, aumentaremos nosso preço somente *depois* de termos aumentado suficientemente nosso valor. Dessa forma, eles ainda fazem um ótimo negócio (pense em comprar US$ 100.000 em valor por US$ 10.000). É "dinheiro com desconto".

BRINDE Nº 3: TUTORIAL BÔNUS E DOWNLOADS GRATUITOS:
Cobrar o que vale a pena

Se você quiser saber como eu crio discrepâncias de valor para produtos B2B ou B2C, acesse o curso Acquisition.com/training/offers e assista ao vídeo tutorial **"Cobre o que vale a pena"**. Meu objetivo é ganhar sua confiança e entregar valor antecipadamente. Você também pode escanear o código QR se não quiser digitar. É totalmente gratuito. Aproveite.

Por que você deve cobrar tanto que chega a doer

A maioria dos empresários *não* compete em preço ou valor. Na verdade, eles não competem em nada. Seu processo de precificação geralmente é mais ou menos assim:

1) Analise o mercado

2) Veja o que todos os outros oferecem

3) Pegue a média

4) Ficar um pouco abaixo para permanecer "competitivo"

5) Oferecer o que os concorrentes oferecem com um "pouco mais"

6) Acabe com uma proposta de valor de "mais por menos"

E o grande segredo: os concorrentes que eles estão copiando estão falidos. *Então, por que diabos copiá-los?*

Fixar preços de acordo com o mercado significa que você está fixando preços para *a eficiência* do mercado. Com o tempo, em um mercado eficiente, mais concorrentes entram oferecendo "um pouco mais por um pouco menos", até que, eventualmente, ninguém consegue oferecer mais por menos. Nesse ponto, o mercado atinge a eficiência perfeita, e os empresários participantes ganham *apenas o suficiente* no final do mês para continuar. Os 10-20% dos operadores menos bem-sucedidos são eliminados ou perdem a vontade de lutar. Então, novos empresários entram sem ter ideia do que fazer e repetem o processo de seus antecessores. E assim o ciclo continua.

Em palavras simples, definir os preços dessa forma significa que você está prestando um serviço um pouco acima do que custa para se manter à tona. *Não* estamos tentando nos manter à tona. Estamos tentando ganhar quantias exorbitantes de dinheiro que farão seus parentes questionarem se o que você está fazendo é legal. Novamente, não estamos tentando conquistar o maior número de clientes. <u>Estamos tentando ganhar o máximo de dinheiro possível</u>.

Dito isso, como não há benefício estratégico em ser o segundo participante com os preços mais baixos em seu mercado, permita-me apresentar uma breve visão geral de por que considero os preços premium não apenas uma decisão comercial muito inteligente, mas também moral. Além disso, é a única escolha que permitirá que você realmente ofereça o máximo valor, uma posição única e forte no mercado. Deixe-me apresentar o ciclo virtuoso dos preços.

Ciclo virtuoso dos preços

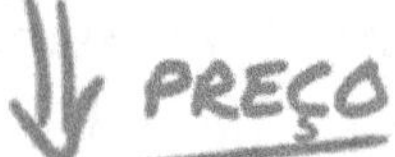

Utilizei essa estrutura na maioria dos materiais que divulgo porque ela precisa ser reforçada de forma consistente. As forças do mercado irão desgastar seu sistema de crenças. Você deve permanecer forte e ignorá-las! Aqui está a premissa básica de por que você *precisa* cobrar um preço premium se quiser atender melhor seus clientes.

Quando você diminui seu preço, você…

…diminui o investimento emocional dos seus clientes, já que não lhes custou muito

…diminui o valor percebido dos seus clientes pelo seu serviço, já que ele não pode ser tão bom se é tão barato ou tem o mesmo preço que todos os outros

…diminui os resultados dos seus clientes, pois eles não valorizam o seu serviço e não estão investidos

…atrai os piores clientes, que *nunca* ficam satisfeitos até que seu serviço seja *gratuito*

…destrói qualquer margem que você tenha para poder realmente oferecer uma experiência excepcional, contratar os melhores, investir em seu pessoal, mimar seus clientes, investir em crescimento, investir em mais locais ou expandir seu negócio, e tudo o mais que você esperava com o objetivo de ajudar mais pessoas a resolver o problema que você resolve.

Em essência, seu mundo é péssimo. E para piorar as coisas, seu serviço provavelmente é péssimo porque você está, como no provérbio, espremendo sangue de pedra. Simplesmente não sobra dinheiro suficiente para fazer algo excepcional. Como resultado, você se alinha ao exército de empresas medíocres que correm para o fundo do poço. Eu vivi essa vida. É terrível. Se você ama seus clientes e seus funcionários, por favor, pare de lesá-los quando há uma maneira melhor.

Aqui está o contrário. É isso que acontece quando você aumenta seus preços.

Quando você aumenta seus preços, você…

…aumenta o investimento emocional dos seus clientes

…aumenta o valor percebido dos seus clientes pelo seu serviço

…aumenta os resultados dos seus clientes, porque eles valorizam o seu serviço e estão investidos

…atrai os *melhores* clientes, que são *os mais fáceis* de satisfazer e, na verdade, custam *menos* para atender, e que são os mais propensos a realmente receber e perceber o valor mais relativo

…multiplica sua margem, porque você tem dinheiro para *investir* em sistemas para criar eficiência; pessoas inteligentes; melhorar a experiência do cliente; expandir seus negócios; e, o mais importante de tudo, continuar vendo o número em sua conta bancária pessoal aumentar, mês após mês, mesmo reinvestindo em seus negócios. Isso permite que você, em última análise, aproveite o processo a longo prazo e ajude mais pessoas à medida que cresce, em vez de se esgotar e murchar na obscuridade.

Para reforçar ainda mais o argumento a favor de preços mais altos, aqui estão alguns conceitos interessantes. Quando você aumenta seu preço, você aumenta o valor que o consumidor recebe sem alterar nada mais em seu produto. Espere, o quê? Sim.

Preço mais alto significa valor mais alto (literalmente)

Em um teste cego de degustação, os pesquisadores pediram aos consumidores que classificassem três vinhos: um vinho de baixo preço, um vinho de preço médio e um vinho caro. Ao longo do estudo, os participantes classificaram os vinhos com os preços visíveis. Eles os classificaram, sem surpresa, em ordem de preço, sendo o mais caro o "melhor", o segundo mais caro o "segundo melhor" e o terceiro, o mais barato, sendo classificado como "vinho barato".

O que os provadores não sabiam era que os pesquisadores lhes deram exatamente o mesmo vinho nas três vezes. No entanto, os provadores relataram uma grande discrepância entre o vinho "caro" e o vinho "barato". Isso tem implicações profundas para a relação direta entre valor e preço.

Em essência, aumentar seus preços pode aumentar diretamente o valor que você oferece. Além disso, quanto mais alto o preço, mais atraente é o seu produto ou serviço. As pessoas *querem* comprar coisas caras. Elas só precisam de um motivo. E o objetivo não é apenas estar um pouco acima do preço de mercado — o objetivo é estar tão acima que o consumidor pense: "Isso é muito mais caro, deve haver algo totalmente diferente acontecendo aqui".

É assim que você cria uma categoria única. Nesse novo mercado percebido, você é um monopólio e pode obter lucros monopolistas. Esse é o ponto.

Um último ponto que quero enfatizar: se você oferece um serviço em que o cliente precisa fazer algo para alcançar o resultado ou resolver o problema que você diz resolver, ele precisa se envolver. Quanto mais envolvido ele estiver, mais provável será que alcance um resultado positivo. Portanto, se você se preocupa com seus clientes, deve envolvê-los o máximo possível. Idealmente, isso significa definir os preços dos seus serviços ou produtos de forma que *doa* um pouco quando eles compram. Essa dor forçará e concentrará a atenção e o investimento deles no seu produto ou serviço. Aqueles que pagam mais, prestam mais atenção. E se os seus clientes forem mais fiéis e seguirem adiante, e se obtiverem melhores resultados com o seu serviço do que com o da concorrência, então você está, de forma muito real, oferecendo mais valor do que qualquer outra pessoa. É assim que você vence.

Mas sei que isso não é fácil, e não deveria ser. Seu produto deve *cumprir o que promete*. Muitos desejam evitar o trabalho real. Faça isso e você fracassará. No mundo real, para ter a coragem de cobrar preços altos, você deve *superar suas dúvidas*. Você deve estar tão confiante em sua entrega, porque *já* fez isso *tantas vezes,* que *sabe* que essa pessoa terá sucesso. A experiência é o que lhe dá a convicção de pedir o salário anual de alguém como pagamento. Você deve acreditar tão profundamente em sua solução que, quando se olhar no espelho à noite, sozinho, sua convicção permanecerá inabalável. Então, deixe-me encerrar esta seção com minha experiência pessoal.

Minha experiência com preços premium

No meu primeiro negócio de consultoria de nicho — Gym Launch — eu ensino aos proprietários de academias um modelo de negócio melhor. Antes de transformar meus serviços de consultoria em um produto, visitei 33 academias em 18 meses para fazer reviravoltas completas.

Nós voávamos até lá, consertávamos tudo na academia e a relançávamos em 21 dias. Conseguíamos um aumento médio de US$ 42.000 em vendas adicionais em 21 dias. Era incrível. Minha taxa era 100% da receita que eu gerava.

No nosso auge, estávamos reformando oito academias por mês. Isso rapidamente se tornou um pesadelo logístico. Depois do desgaste de viver em hotéis mês após mês, pensei comigo mesmo *que deveria haver uma maneira melhor de fazer isso.*

Um mês, havia uma academia para a qual estávamos programados para voar. Mas eu simplesmente não queria fazer isso. Então, disse a eles que iríamos cancelar o compromisso. O dono da academia praticamente me ameaçou para que eu o ajudasse. Então, disse que o ajudaria, mas que ele teria que fazer todo o trabalho, e eu apenas lhe mostraria como.

Em trinta dias, essa academia faturou quase US$ 44.000 em novas vendas à vista (quatro vezes mais do que no mês anterior). Assim que vi que meu processo podia ser replicado à distância, sem que eu precisasse viajar para encontrar as pessoas, nosso negócio explodiu. Eu tinha encontrado o elo que faltava, porque minha agenda de viagens não era mais uma restrição. Passamos a vender a mais de 4.000 academias nos anos seguintes (e continuamos contando) usando um modelo *feito com você,* em vez de *feito para você.* Mas… voltando aos preços premium.

Quando entrei no mercado, os concorrentes de baixo preço ofereciam serviços completos de marketing por US$ 500 por mês, com um único concorrente de alto preço cobrando US$ 5.000 por seu produto.

Eu queria ser o líder em preços premium. Queria ser tão caro que isso criasse um fascínio em torno do que estávamos fazendo. Então, chegamos a um preço três vezes maior do que o concorrente mais caro e 32 vezes maior do que os concorrentes mais baratos. Um preço de US$ 16.000 por um curso intensivo de 16 semanas feito com você. Em seguida, vendemos para 35% dessas pessoas um contrato de três anos, no valor de US$ 42.000/ano, para ajudá-las a expandir suas academias.

Para contextualizar: o proprietário médio de uma academia ganha US$ 35.280/ano em lucros líquidos. Se essa é a média, significa que *metade* ganha ainda *menos* do que isso. Portanto, muitos deles estavam comprometendo *metade* do seu salário anual *ou mais* para comprar o nosso programa. E eu estava vendendo isso para pessoas adultas, sendo um jovem de vinte e poucos anos, dizendo a eles que iria ajudá-los a ganhar mais dinheiro. Isso foi possível porque minha convicção era mais forte do que o ceticismo deles. *Como?*

Com base em uma pesquisa voluntária realizada em nosso último evento completo da empresa, com 158 academias respondendo, descobrimos que uma academia Gym Launch que está em nosso programa há 11 meses terá as seguintes melhorias médias:

Crescimento da receita bruta: +$19.932/mês (+$239.000/ano)

Crescimento da receita recorrente: +$13.339/mês (+$160.068/ano)

Crescimento do lucro líquido: de US$ 2.943/mês para US$ 8.940/mês (3,1 vezes!)

Crescimento da base de clientes: +67

Rotatividade (% de clientes que saem a cada mês): de 10,7% para 6,8%

Vendas no varejo: +US$ 4.400/mês em receita de vendas de produtos no varejo

Preços: de $129/mês para $167/mês

A pesquisa apenas comprovou o que eu já sabia. Eu tinha total convicção em nosso produto. Eu sabia que ele funcionava. Eu havia *superado minhas dúvidas.*

Pontos resumidos

O que você deve tirar disso?

Em primeiro lugar, cobre um preço premium. Isso permitirá que você faça coisas que ninguém mais pode fazer para garantir o sucesso dos seus clientes. Conseguimos cobrar um preço premium porque oferecíamos mais valor do que qualquer outra empresa do setor. Na verdade, cobrávamos uma *fração* do que nossos clientes ganhavam usando nosso sistema. Isso é importante. <u>Nossos clientes ainda faziam um *bom negócio.*</u> A diferença entre o que pagavam (preço) e o que recebiam (valor) era enorme. Como resultado, o ciclo virtuoso continuou girando. Cobrávamos o máximo. Oferecíamos o máximo valor. Nossas academias continuavam sendo as mais competitivas, ganhavam mais dinheiro, sempre tinham os melhores e mais modernos sistemas de aquisição e contavam com suporte para implementá-los na velocidade da luz.

Cometemos muitos erros ao longo do caminho, mas nosso modelo de preços não foi um deles. Ele me deu espaço para fazer grandes apostas sem perder tudo. A verdade é que 99% das empresas precisam aumentar seus preços para crescer, não reduzi-los. O lucro é oxigênio. Ele alimenta o fogo do crescimento. Você precisa dele se quiser alcançar mais pessoas e causar um impacto maior.

Para cobrar tanto, porém, você deve aprender a criar um valor tremendo. Vamos abordar isso a seguir.

SEÇÃO III
VALOR - CRIE SUA OFERTA

Como fazer ofertas tão boas que as pessoas se sintam estúpidas se recusarem

Oferta de valor: a equação do valor

"Questionamos todas as nossas crenças, exceto aquelas em que realmente acreditamos e aquelas que nunca pensamos em questionar".
– Orson Scott Card

Quero ser bem claro: o objetivo deve ser cobrar o máximo possível pelos seus produtos ou serviços. Estou falando de quantias exorbitantes de dinheiro. Dito isso, qualquer um pode aumentar seus preços, mas apenas alguns poucos selecionados podem cobrar essas taxas *e fazer com que as pessoas aceitem*.

A partir de agora, você deve abandonar qualquer noção que tenha sobre "o que é justo". Todas as grandes empresas do mundo cobram por coisas que não lhes custam nada. Custa centavos para a companhia telefônica adicionar um usuário, mas eles não se importam em cobrar centenas por mês pelo acesso. Custa centavos fabricar medicamentos, mas eles não se importam em cobrar centenas de dólares por mês por eles. As empresas de mídia cobram uma fortuna dos anunciantes pela sua atenção, e não lhes custa quase nada fazer você curtir fotos de gatinhos nas redes sociais. Você precisa ter uma grande discrepância entre o que algo custa para você e o que você cobra por isso. É a única maneira de ter um sucesso irracional.

Muitos empreendedores acreditam que cobrar "demais" é ruim. A realidade é que, sim, você nunca deve cobrar mais do que seu produto *vale*. Mas você deve cobrar *muito* mais por seus produtos e serviços do que custa para atendê-los. Pense em até cem vezes mais, não apenas duas ou três vezes mais. E se você fornecer *valor* suficiente, ainda assim será uma *pechincha* para o cliente em potencial. Esse é o poder do valor. Ele libera preços ilimitados e poder de lucro para expandir sua empresa.

Por exemplo, um dos meus clientes particulares (da empresa da qual tenho participação acionária) atua na área de fotografia. Ao longo de dois anos, implementando as táticas descritas neste livro, o proprietário conseguiu aumentar o ticket médio de US$ 300 para US$ 1.500. Isso representa um aumento de 5 vezes (uau!). O mais legal é que agora eles gastam menos tempo por cliente e têm *maior* satisfação do cliente. O aumento de 5 vezes no ticket médio multiplicou por 38 o lucro do negócio. Ele passou de US$ 1.000/semana em lucro para US$ 38.000/semana em lucro e continua a crescer. Como resultado, a empresa finalmente conseguiu continuar a expandir para vários locais e oferecer um trabalho significativo a ótimos funcionários. E um benefício divertido: pudemos doar ainda mais dinheiro para instituições de caridade infantis, algo que o proprietário e eu temos em comum (quase US$ 500.000 no momento da redação deste artigo). Mas nada disso teria sido possível sem descobrir o que as pessoas mais valorizavam, triplicar isso e eliminar impiedosamente todo o resto. Um aumento de preço de 5 vezes pode parecer loucura para você, mas os clientes votaram com seu dinheiro que o que a empresa oferece agora é *muito* melhor do que antes. Descobrir o valor abre um mundo de lucros, impacto e possibilidades ilimitadas.

Aqueles que entendem *o valor* são os que poderão cobrar mais por seus serviços. A boa notícia é que existe uma fórmula repetível que criei (nunca vi ela sendo exibida em outro lugar) para ajudar a quantificar as variáveis que criam valor para qualquer oferta. Eu a chamo *de Equação do Valor*. Depois de vê-la, você nunca mais conseguirá ignorá-la. Ela funcionará em seu subconsciente, rodando em segundo plano, chamando sua atenção. É uma nova lente através da qual você pode ver o mundo.

A Equação do Valor

BRINDE Nº 4: Tutorial bônus sobre a equação do valor e downloads gratuitos:

Se você quiser saber como eu transformo a oferta principal de uma empresa em algo mais valioso, acesse Acquisition.com/training/offers e selecione o vídeo **"Equação do Valor"** para assistir a um breve tutorial. Também incluí uma lista de verificação para download. Meu objetivo é *ganhar sua confiança* e oferecer valor antecipadamente. Você também pode escanear o código QR se não quiser digitar. É totalmente gratuito. Aproveite.

Como você pode ver na imagem, existem quatro fatores principais de valor. Você buscará aumentar dois dos fatores (na parte superior). Você buscará diminuir os outros dois (na parte inferior).

1) (Yay) O resultado dos sonhos (meta: aumentar)

2) (Yay) Probabilidade percebida de realização (meta: aumentar)

3) (Boo) Atraso percebido entre o início e a realização (meta: diminuir)

4) (Boo) Esforço e sacrifício percebidos (meta: diminuir)

Se você percebeu as perguntas que meu pai me fez na última seção, verá que elas correspondem a esses pilares:

O que vou ganhar? (Resultado dos sonhos)

Como saberei que isso vai acontecer? (Probabilidade percebida de realização)

Quanto tempo vai demorar? (Atraso)

O que se espera de mim? (Esforço e sacrifício)

Chegue ao fundo do poço

No início da minha carreira, concentrei toda a minha atenção nos resultados dos sonhos e na percepção de realização (prova social, edificação de terceiros, etc.). Em outras palavras, o lado superior da equação. É aí que os profissionais de marketing iniciantes fazem afirmações cada vez maiores. É fácil e preguiçoso.

Mas, com o passar do tempo, percebi que essas afirmações grandiosas são as mais fáceis de estabelecer (e, portanto, menos exclusivas). Afinal, qualquer um pode fazer uma promessa. O mais difícil e competitivo é o atraso e o esforço e sacrifício. As melhores empresas do mundo concentram toda a sua atenção na parte inferior da equação. Tornar as coisas imediatas, perfeitas e sem esforço. A Apple tornou o iPhone fácil de usar em comparação com outros telefones da época. A Amazon tornou as compras fáceis com um único clique *e* fez com que elas chegassem quase imediatamente (talvez quando você ler isto, eles já estejam enviando drones às nossas portas em 60 minutos). A Netflix tornou o consumo de televisão imediato e fácil. Portanto, quanto mais envelheço, mais mudo meu foco para "as coisas difíceis" — diminuindo a parte inferior da equação. E acredito que quanto melhor você fizer isso, mais será recompensado pelo mercado.

Observação final: a razão pela qual esta é uma equação de divisão e não de adição ("+") é que eu queria transmitir um ponto-chave. Se você conseguir tornar a parte inferior da equação igual a zero, você está no caminho certo. Não importa quão pequena seja a parte superior, qualquer coisa dividida por zero é igual a infinito (o que é tecnicamente indefinido para os nerds da matemática). Em outras palavras, se você conseguir reduzir o verdadeiro atraso dos seus clientes em potencial para receber valor a zero (ou seja, você realiza o resultado imediato do seu sonho) e seu esforço e sacrifício forem zero, você terá um produto infinitamente valioso. Se você conseguir isso, você ganha o jogo.

Dado esse postulado, um cliente em potencial (em teoria) compraria algo de você e, no momento em que seu cartão de crédito fosse processado, isso se tornaria imediatamente sua realidade. *Esse* é o valor infinito.

Imagine clicar no botão de compra de um produto para perda de peso e ver instantaneamente seu abdômen se transformar em um tanquinho. Ou imagine contratar uma empresa de marketing e, assim que assinar o documento, seu telefone começar a tocar com novos clientes em potencial altamente qualificados. Quão valiosos seriam esses produtos/serviços? Infinitamente valiosos. E esse é o ponto.

Não sei se nós, empreendedores, chegaremos lá algum dia, mas esse é o limite hipotético pelo qual todos devemos nos esforçar, e é por isso que estruturei a equação dessa forma.

A percepção é a realidade

A percepção é a realidade. Não se trata de quanto você aumenta a probabilidade de sucesso do seu cliente em potencial, ou diminui o tempo de espera para a conquista, ou diminui o esforço e sacrifício dele. Isso em si *não* tem valor. Muitas vezes, eles não terão ideia. A Oferta Grand Slam só se torna valiosa quando o cliente em potencial *percebe* o aumento na probabilidade de conquista, *percebe* a diminuição no tempo de espera e *percebe* a diminuição no esforço e sacrifício.

Um excelente exemplo disso aconteceu no sistema de túneis de Londres. O maior aumento na satisfação dos passageiros (*também conhecido como valor*) nunca veio de trens mais rápidos para diminuir o tempo de espera. Em vez disso, veio de um simples mapa pontilhado que mostrava quando o próximo trem chegaria e quanto tempo eles teriam que esperar. O mapa pontilhado, que custou apenas alguns milhões de dólares, diminuiu *a percepção* dos passageiros sobre o atraso e o sacrifício (ficar entediado esperando) mais do que realmente tornar os trens mais rápidos (o que custaria bilhões de dólares). Não é legal? É assim que precisamos pensar sobre nossos produtos.

Dica profissional: soluções lógicas x soluções psicológicas

A maioria das pessoas naturalmente tenta resolver problemas usando soluções *lógicas*. Mas as soluções lógicas geralmente já foram tentadas… porque são lógicas (é o que todos tentariam fazer).

Como empresário e empreendedor, cada vez mais abordo os problemas para encontrar soluções *psicológicas*, em vez de lógicas. Porque se houvesse uma solução lógica, provavelmente já teria sido resolvida, eliminando assim o problema. Tudo o que resta são os problemas *psicológicos*.

Exemplos inspirados por Rory Sutherland, diretor de marketing da Ogilvy Advertising:

"Qualquer idiota pode vender um produto oferecendo-o com desconto, mas é preciso um ótimo marketing para vender o mesmo produto por um preço premium".

Solução lógica: tornar os trens mais rápidos para aumentar a satisfação

Solução psicológica: diminuir a dor da espera adicionando um mapa pontilhado

Solução psicológica: pagar modelos para serem hospedeiras na viagem (as pessoas iriam desejar que demorasse mais tempo a chegar ao destino!)

Solução lógica: tornar o elevador mais rápido

Solução psicológica: adicionar espelhos do chão ao teto para que as pessoas se distraiam olhando para si mesmas e esqueçam quanto tempo ficaram no elevador

Solução lógica: torná-lo mais barato

Solução psicológica: fazer menos deles e aumentar o preço, o que faz com que as pessoas os desejem mais.

Muitas vezes, as soluções mais lógicas já foram tentadas e falharam. Neste momento da história, devemos dar uma chance às soluções psicológicas para resolver os problemas.

Como tal, enquanto empresários, cabe-nos comunicar estes fatores de valor com clareza, para aumentar a perceção do potencial cliente sobre estas realidades. A medida em que responder a estas perguntas na mente do seu potencial cliente, determinará o valor que está criando. Assim então, seremos verdadeiramente capazes de perceber o valor real do nosso produto para o mercado e, por extensão, os preços exorbitantes que queremos cobrar.

É difícil separar os quatro fatores de valor uns dos outros, pois a maioria dos veículos combina muitos desses elementos, mas farei o meu melhor para isolar e explicar claramente cada um deles abaixo.

#1 Resultado dos sonhos (objetivo = aumento)

As pessoas têm desejos profundos e imutáveis. É por isso que casamentos acabam, guerras são travadas e pessoas estão dispostas a morrer. Nosso objetivo não é criar desejo. É simplesmente canalizar esse desejo por meio de nossa oferta e veículo de monetização.

O resultado dos sonhos é a expressão dos sentimentos e experiências que o cliente em potencial imaginou em sua mente. É a diferença entre sua realidade atual e seus sonhos. Nosso objetivo é retratar com precisão esse sonho para eles, para que se sintam compreendidos, e explicar como nosso veículo os levará até lá.

O resultado dos sonhos é simples; é o "chegar lá" que aumenta ou diminui o valor.

As pessoas em geral, e nossos clientes em particular, querem:

…ser percebido como bonito
…ser respeitado
…ser percebido como poderoso
…ser amado
…aumentar seu *status*

Todos esses são motivadores poderosos.

Mas vários veículos podem alcançar o mesmo objetivo. Tomemos como exemplo o desejo *de "ser percebido como bonito"*. Há muitas coisas que influenciam esse desejo:

Maquiagem
Cremes/séruns antienvelhecimento
Suplementos
Modeladores
Cirurgia plástica
Fitness

→ Todos esses veículos canalizam o desejo de ser percebido como bonito.

E se aprofundarmos a ideia do desejo de ser bonito, vemos que pode ser uma declaração superficial de um desejo mais profundo de alcançar um status mais elevado no grupo social.

O impulsionador do valor do resultado dos sonhos é mais proeminente quando se compara o valor relativo *entre dois desejos diferentes que estão sendo satisfeitos*. Em geral, o resultado dos sonhos que aumenta mais diretamente o status de um cliente em potencial será aquele que ele mais valoriza. Assim, um cliente em potencial pode valorizar toda a categoria de veículos que satisfaz um desejo mais do que outra categoria que satisfaz um desejo diferente. Para muitos homens, ganhar dinheiro é mais importante do que ser bonito. Por quê? Porque o dinheiro impulsiona o status dos homens mais do que a beleza. Portanto, em geral, eles valorizarão todas as ofertas que lhes rendam dinheiro mais do que as ofertas que os ajudem a ter uma boa aparência.

Certa vez, ouvi Russell Brunson contar uma história sobre esse conceito. Ele explicou como sua esposa, Collette, ao ouvir pela primeira vez sobre esse conceito de status, o rejeitou. Ela afirmou que não era motivada pelo status e que nunca gostaria de dirigir uma Lamborghini. Em vez disso, ela preferia sua minivan. Mas, depois de conversar mais, ela revelou que era porque dirigir um Lamborghini diminuiria seu status entre suas amigas mães, enquanto dirigir uma minivan mostraria que ela era uma boa mãe (aumento de status). Portanto, não se trata de dinheiro, mas de *status (o aumento ou diminuição percebida na posição relativa quando comparada a outras pessoas social ou profissionalmente)*. Fale em termos de coisas que seu cliente em potencial acredita que aumentarão seu status, e você o deixará babando.

Dica profissional: enquadre os benefícios em termos de status ganho *do ponto de vista dos outros*

Ao escrever um texto, você pode torná-lo muito mais poderoso falando sobre como *outras pessoas* perceberão a conquista do cliente em potencial. Conecte os pontos para eles. Exemplo: se você comprar este taco de golfe, sua tacada aumentará em 40 jardas. Seus amigos do golfe ficarão boquiabertos quando virem sua bola voar 40 jardas além das deles… eles perguntarão o que mudou… só você saberá.

Dito isso, ao comparar dois produtos ou serviços que satisfazem o *mesmo* desejo, o valor dos resultados dos sonhos será anulado (já que são os mesmos). Serão as outras três variáveis que determinarão a diferença no valor percebido e, em última análise, no preço. Por exemplo, se tivermos dois produtos ou serviços que ajudam a tornar alguém bonito, serão a probabilidade de realização, o tempo de espera e o esforço necessário que diferenciarão o valor percebido de cada oferta.

Simplificando: Se duas coisas tornam alguém bonito, o que faz com que uma valha US$ 50.000 e a outra US$ 5? Resposta: a extensão das outras três variáveis de valor.

#2 Probabilidade percebida de sucesso (objetivo = aumento)

Essa foi a última das variáveis que adicionei ao tentar pensar nessa estrutura há alguns anos. Eu simplesmente senti que faltava algo com apenas as outras três.

Então percebi que as pessoas pagam pela certeza. Elas valorizam a certeza. Chamo isso de "probabilidade percebida de realização". Em outras palavras, "Quão provável eu acredito que seja alcançar o resultado que procuro se fizer essa compra?"

Por exemplo, quanto você pagaria para ser o 10.000º paciente de um cirurgião plástico em comparação com o primeiro?

Se você for uma pessoa normal e sensata, muito mais. Quer dizer, você poderia até pedir para ele te pagar se fosse o primeiro paciente dele.

Portanto, mesmo com este exemplo simples, você pode ver que, embora o serviço que você está recebendo seja tecnicamente o mesmo, a única coisa que muda é a sua probabilidade percebida de conseguir o que deseja.

Ambos os cirurgiões levam o mesmo tempo para realizar a cirurgia (se alguma coisa, o cara que já fez isso 10.000 vezes provavelmente faria mais rápido e *ainda* cobraria *mais*). O cirurgião mais experiente tem um histórico de resultados, o que incentiva sua desejabilidade.

As pessoas valorizam essa percepção de probabilidade de sucesso. Aumentar a convicção do cliente em potencial de que sua oferta "realmente" funcionará para ele tornará sua oferta muito mais valiosa, mesmo que o trabalho continue o mesmo da sua parte. Portanto, para aumentar o valor de todas as ofertas, devemos comunicar a percepção de probabilidade de sucesso por meio de nossas mensagens de valor, provas, o que escolhemos incluir ou excluir em nossa oferta e nossas garantias (mais sobre isso adiante).

#3 Atraso (Objetivo = Diminuir)

O atraso é o tempo entre a compra e o recebimento do benefício prometido pelo cliente. Quanto menor for o intervalo entre a compra e o recebimento do valor/resultado, mais valiosos serão seus serviços ou produtos.

Existem dois elementos para esse impulsionador de valor: resultado de longo prazo e experiência de curto prazo. Muitas vezes, há experiências de curto prazo que ocorrem durante o caminho para os resultados de longo prazo. Elas acontecem "ao longo do caminho" e agregam valor.

É bom entender os dois. O que as pessoas *compram* é o valor a longo prazo, também conhecido como o "resultado dos seus sonhos". Mas o que as faz *permanecer* por tempo suficiente para obtê-lo é a experiência a curto prazo. São pequenos marcos que um cliente em potencial vê ao longo do caminho e que mostram que ele está no caminho certo. Tentamos incorporar o máximo possível desses marcos em qualquer serviço que oferecemos. Queremos que os clientes tenham uma grande vitória emocional logo no início (o mais próximo possível da compra). Isso lhes dá o comprometimento emocional e o impulso para "levar adiante" até o objetivo final.

Por exemplo, leva um tempo para adicionar US$ 239.000 extras por ano a uma academia. Mas é isso que eles estão comprando. Portanto, depois que eles compram, precisamos criar vitórias emocionais rapidamente. Uma maneira de fazer isso é colocar seus anúncios no ar e fazer com que eles fechem sua primeira venda de US$ 2.000 nos primeiros sete dias. Ao fazer isso, a decisão deles de trabalhar conosco é reforçada e eles imediatamente passam a confiar mais em nós. Isso os torna mais propensos a seguir o resto dos nossos sistemas e chegar ao seu destino final.

> ### Dica profissional: vitórias rápidas
>
> Sempre tente incorporar vitórias imediatas e de curto prazo para um cliente. Seja criativo. Eles só precisam saber que estão no caminho certo e que tomaram a decisão certa ao confiar em você e na sua empresa.

Deixe-me dar outro exemplo. Se eu vender a alguém um "corpo de biquíni", o tempo que levará para alcançar esse resultado pode ser de 12 meses ou até mais. No entanto, ao longo do caminho, à medida que mudam seus corpos, elas podem experimentar um aumento no desejo sexual, mais energia e um aumento na comunidade de amigos.

Inicialmente, ela não está comprando essas coisas, mas elas podem se tornar benefícios de curto prazo que a manterão no jogo por tempo suficiente para alcançar o resultado final. Ela compra o sonho, mas fica pelos benefícios que descobre ao longo do caminho. Quanto mais rápido e claramente você puder demonstrar esses benefícios, mais valioso será o seu serviço. Para um cliente que deseja perder peso, nós o colocávamos em contato com outra pessoa para que ele tivesse imediatamente alguns benefícios sociais do programa *e*, geralmente, prescrevíamos uma dieta mais agressiva no início. Por quê? Porque queríamos que ele tivesse uma vitória emocional grande e rápida, para que pudéssemos fazê-lo se comprometer a longo prazo. Isso também é comprovado pela ciência. Pessoas que experimentam uma vitória logo no início são mais propensas a continuar com algo do que aquelas que não experimentam.

Dito isso, ter que esperar de 12 a 24 meses para conseguir o que você quer é *muito* tempo quando você pode fazer uma lipoaspiração e terminar em uma tarde. Isso mostra apenas uma das razões pelas quais as pessoas pagam US$ 25.000 por uma lipoaspiração com abdominoplastia, enquanto mal pagam US$ 100/mês para participar de um treinamento intensivo.

Mas essa não é a única razão, não é mesmo?

Isso me leva ao último fator de valor: esforço e sacrifício.

Dica profissional: rápido vence gratuito

A única coisa que supera o "grátis" é o "rápido". As pessoas pagam pela rapidez. Muitas empresas entraram em espaços gratuitos e tiveram um desempenho excelente com uma estratégia de "velocidade em primeiro lugar". Alguns exemplos notáveis: O MVD vs DMV: espere na fila para sempre ou pague US$ 50 para pular a fila e renovar sua carteira de motorista de forma privada. FedEx vs USPS (quando é absolutamente necessário que chegue na noite seguinte). Spotify vs música gratuita lenta. Uber vs caminhada. Rápido vence gratuito. Muitos estarão sempre dispostos a pagar (preço) pelo (valor) da velocidade. Portanto, se você se encontrar em um mercado competindo contra o gratuito, aposte na velocidade.

#4 Esforço e sacrifício (objetivo = diminuir)

Isso é o que "custa" às pessoas em custos acessórios, também conhecidos como "outros custos acumulados ao longo do caminho". Eles podem ser tangíveis e intangíveis.

Usando o exemplo da academia versus lipoaspiração, vejamos a diferença em esforço e sacrifício:

Esforço e sacrifício na academia:	Esforço e sacrifício da lipoaspiração:
Acordar uma a duas horas mais cedo pela manhã	Adormecer
Perda de cinco a dez horas por semana	Acordar magro, garantido
Pare de comer os alimentos que você adora	Sinta dores por duas a quatro semanas
Fome constante	
Dor física	
Sensação de vergonha por não saber como se exercitar	
Risco de lesões	
Náusea real durante o treino	
Preparação de refeições	
Novos mantimentos/mais caros	
Roupas novas (pode ser uma vantagem para algumas pessoas)	
Medo de recuperar o peso perdido após todo esse esforço (impermanência)	
Etc.	

É uma diferença enorme, certo?

Na verdade, ao analisar o marketing dos cirurgiões plásticos, esses são *exatamente* os pontos fracos que eles abordam quando dizem coisas como: *"Cansado de perder inúmeras horas na academia… cansado de tentar dietas que simplesmente não funcionam?"*

É por isso que, quando você vende fitness, precisa passar uma hora discutindo com um cliente para que ele gaste de 1/10 a 1/100 do valor que pagaria por uma cirurgia. Simplesmente não há muito valor percebido porque a probabilidade percebida de sucesso, o tempo necessário para alcançá-lo e o esforço e sacrifício exigidos são muito altos.

Portanto, mesmo que o resultado seja o mesmo, o valor dos veículos é drasticamente diferente, daí a diferença de preço.

Diminuir o esforço e o sacrifício, ou pelo menos o esforço e o sacrifício percebidos, pode aumentar enormemente o apelo da sua oferta.

Em um mundo ideal, um cliente em potencial gostaria simplesmente de "dizer sim" e ter o resultado dos seus sonhos sem nenhum esforço da sua parte.

É por isso que os "serviços feitos para você" são quase sempre mais caros do que os "faça você mesmo", porque a pessoa não precisa fazer todo o esforço e sacrifício. Há também um componente de diferença na "probabilidade percebida de realização". As pessoas acreditam que, se um especialista fizer isso, elas terão mais chances de alcançar o resultado do que se tentarem por conta própria.

Espero que agora você tenha uma compreensão básica dos componentes do valor e de como a interação entre cada um deles cria ou diminui o valor que alguém estaria disposto a pagar.

Juntando tudo

Como eu disse anteriormente, esses elementos de valor não acontecem isoladamente. Eles acontecem juntos, em combinação. Então, vamos ver alguns exemplos que utilizam os quatro componentes de valor ao mesmo tempo.

Em um esforço para quantificar o valor, vou classificá-los em uma escala binária de 0 ou 1. 1 significa valor alcançado. 0 significa ausente. Em seguida, somarei os quatro para fornecer uma classificação de valor relativo de um tipo de serviço. Nosso objetivo como profissionais de marketing e proprietários de empresas é *aumentar* o valor do resultado dos sonhos e sua probabilidade percebida de realização, enquanto *diminuímos* o tempo de atraso da realização e o esforço e sacrifício que alguém precisa fazer para chegar lá.

Para começar, farei uma comparação lado a lado de dois "veículos" com resultados de sonho idênticos: meditação e Xanax. Ambos oferecem ao comprador relaxamento, diminuição da ansiedade e sensação de bem-estar. Demonstrarei como as outras três variáveis alteram drasticamente o valor da entrega desse resultado de sonho e, em última análise, o preço.

Exemplo: Resultado do sonho: "Relaxamento", "Diminuição da ansiedade", "Sensação de bem-estar" *Meditação vs Xanax*

Medida de valor	Meditação	Pontuação	Xanax	Pontuação
Resultado do sonho	"Relaxamento" "Diminuição da ansiedade" "Sensação de bem-estar"	1/1	"Relaxamento" "Diminuição da ansiedade" "Sensação de bem-estar"	1/1
Probabilidade percebida	Baixa, já que a maioria das pessoas se distrai e não acredita que conseguirá manter a meditação diária	0	Alta, já que a maioria das pessoas está confiante de que, se tomar o comprimido, se sentirá mais relaxada	1/1
Atraso	Leva muito tempo para produzir resultados a longo prazo. Alguns benefícios imediatos após 10 a 20 minutos (supondo que você não fique frustrado)	.5/1	15 minutos para sentir os efeitos	1/1
Esforço e sacrifício	Desconforto físico (frequentemente, dormência nos membros do corpo). Desconforto mental (sensação de que está falhando constantemente). Sacrifício de tempo (é necessário reservar um tempo todos os dias para fazê-lo).	0/1	Engolir a pílula	1/1
Valor geral	**Baixo**	**1,5/4**	**Alto**	**4/4**

E é por isso que o Xanax é um produto multimilionário, enquanto eu não conheço praticamente nenhuma empresa de meditação multimilionária... valor.

Não estou aqui para discutir se a meditação é melhor do que o Xanax (obviamente que é), mas isso não significa que seja percebida como mais valiosa.

Essa também é a razão pela qual a indústria de suplementos (US$ 123 bilhões, *Grandview Research*) é duas vezes maior do que a indústria de academias de ginástica (US$ 62 bilhões, *IHRSA*). Ambas alcançam os mesmos objetivos percebidos — "ser saudável", "perder peso", "ter boa aparência", "aumentar a energia", etc. — mas uma é percebida como mais valiosa porque tem "custos" mais baixos.

As pessoas estão mais dispostas a pagar US$ 200 por suplementos do que US$ 29/mês por uma academia. Tomar um comprimido ou beber um shake é muito mais rápido e fácil do que ir à academia todos os dias. Por isso... é mais valorizado.

Vivemos em um mundo louco.

E você pode ficar aí sentado e fazer posts "reclamando" sobre como as pessoas "deveriam" ser de determinada maneira. Ou você pode tirar proveito da maneira como as pessoas *são* e lucrar com isso. Este livro é para aquelas pessoas que querem ser vencedoras, não vítimas das circunstâncias.

Você pode estar certo ou pode ser rico. Este livro é para ficar rico. Se isso te incomoda, simplesmente largue-o e volte a argumentar contra a natureza humana. Dica: você não vai mudar isso.

Agora, dito isso, saber o que as pessoas valorizam em comparação com o que é bom para elas é fundamental. Isso significa que você pode encontrar maneiras de monetizar as coisas que as pessoas valorizam para lhes dar o que elas realmente precisam.

Todos ganham.

Você pode deixar sua marca no universo *enquanto* lucra.

Boa vontade gratuita

"Quem disse que o dinheiro não compra felicidade, não doou o suficiente".
– Desconhecido

As pessoas que ajudam os outros (sem esperar nada em troca) experimentam níveis mais elevados de satisfação, vivem mais tempo *e* ganham mais dinheiro. Gostaria de criar a oportunidade de lhe transmitir este valor durante a sua experiência de leitura ou audição. Para tal, tenho uma pergunta simples para lhe fazer…

Você ajudaria alguém que nunca conheceu, se isso não lhe custasse dinheiro, mas você nunca recebesse crédito por isso?

Se sim, tenho um "pedido" a fazer em nome de alguém que você não conhece. E provavelmente nunca conhecerá.

Essa pessoa é como você, ou como você era há alguns anos: menos experiente, cheia de vontade de ajudar o mundo, buscando informações, mas sem saber onde procurar… é aí que você entra.

A única maneira de nós, da Acquisition.com, cumprirmos nossa missão de ajudar empreendedores é, primeiro, entrando em contato com eles. E a maioria das pessoas, na verdade, julga um livro pela capa (e pelas resenhas). Se você achou este livro valioso até agora, poderia reservar um momento agora e deixar uma resenha honesta sobre o livro e seu conteúdo? Não vai custar nada e levará menos de 60 segundos.

Sua resenha ajudará…

… mais um empreendedor sustentar sua família.

… mais um funcionário encontrar um trabalho que considere significativo.

… mais um cliente a passar por uma transformação que, de outra forma, nunca teria experimentado.

… mais uma mudança de vida para melhor.

Para que isso aconteça… tudo o que você precisa fazer é… e isso leva menos de 60 segundos… deixar uma avaliação.

<u>Se você estiver no Audible</u>, toque nos três pontos no canto superior direito do seu dispositivo, clique em "avaliar e comentar" e deixe algumas frases sobre o livro com uma classificação por estrelas.

<u>Se você estiver lendo no Kindle ou em um e-reader</u>, role até o final do livro, deslize para cima e uma avaliação será solicitada automaticamente.

<u>Se, por algum motivo, eles tiverem alterado alguma das funcionalidades</u>, você pode acessar a página do livro na Amazon (ou onde quer que você o tenha comprado) e deixar uma avaliação diretamente na página.

PS: se você se sente bem em ajudar um empreendedor desconhecido, você é do meu tipo. Estou ainda mais animado para ajudá-lo a arrasar nos próximos capítulos (você vai adorar as táticas que estou prestes a apresentar).

PPS - Dica de vida: se você apresentar algo valioso a alguém, essa pessoa associará esse valor a você. Se você quiser ganhar a boa vontade de outro empreendedor, envie este livro para ele.

Obrigado do fundo do meu coração. Agora, de volta à nossa programação normal.

- Seu maior fã, Alex

Oferta de valor: o processo de pensamento

"Se você não tiver sucesso na primeira tentativa, tente, tente e tente novamente".
– Thomas H. Palmer, Manual do Professor

Quero fazer um exercício com você agora. Quero mostrar a diferença entre a resolução convergente e divergente de problemas. Por quê? Para que você possa realmente criar a Oferta Grand Slam que se tornará a base do seu negócio.

Pensamento convergente e divergente

Em termos simples, a resolução convergente de problemas é quando você pega várias variáveis, todas conhecidas, com condições imutáveis, e converge para uma resposta única. Pense em matemática.

Exemplo:

Você tem três vendedores que podem atender 100 ligações por mês cada um.

São necessárias 4 chamadas para concretizar uma venda (incluindo as ausências).

Você precisa chegar a 110 vendas…

Quantos vendedores você deve contratar?

Informação deduzida:

1 vendedor = 100 ligações

4 ligações = 1 fechamento

100 ligações/4 ligações por fechamento = 25 fechamentos por 100 ligações

25 fechamentos por representante

Meta: 110 vendas *no total* / 25 vendas por representante = 4,4

Como você não pode contratar 4,4 representantes, decide que precisa de *cinco*.

RESPOSTA: E como você tem 3, contrata mais *dois*.

Problemas matemáticos são convergentes. Existem muitas variáveis e uma única resposta. Somos ensinados durante toda a nossa vida escolar a pensar dessa maneira. Isso porque é fácil dar notas.

Mas a vida irá recompensá-lo pela sua capacidade de resolver problemas usando um processo de pensamento divergente. Em outras palavras, pense em várias soluções para um único problema. Além disso, as respostas convergentes são binárias. Elas estão certas ou erradas. Com o pensamento divergente, você pode ter várias respostas certas e uma resposta que é muito mais certa do que as outras. Legal, não é?

Aqui está o que a vida nos apresenta para o pensamento divergente: múltiplas variáveis, conhecidas e desconhecidas, condições dinâmicas, múltiplas respostas.

Sendo assim, quero fazer um exercício com você que envolverá a parte do seu cérebro que você precisará usar para criar algo mágico.

Eu chamo esse exercício de "tijolo". Não se preocupe, ele levará apenas 120 segundos.

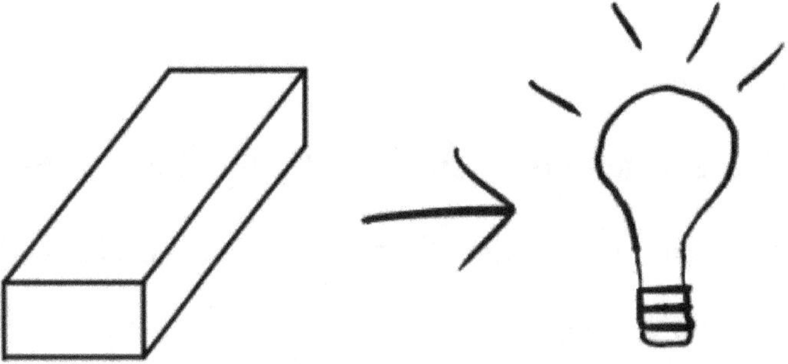

O exercício do tijolo

Agora, quero que você ajuste o cronômetro do seu celular para 120 segundos. O que você precisa fazer: pense em um tijolo.

Anote todos os usos *diferentes* que você conseguir imaginar para um tijolo. Quantas maneiras diferentes um tijolo poderia ser usado na vida para agregar valor?

Pronto? Comece. Tudo bem escrever no livro.

....

....

....

....

....

....

....

....

....

....

....

....

....

....

....

....

Tudo bem — pare. Agora, antes de mostrar minha lista, você considerou o seguinte…

… Qual é o tamanho do tijolo? Do tamanho de um tablete de chiclete, 9,2 cm × 5,7 cm × 20,3 cm (padrão), ou grande como 60 cm × 60cm × 183 cm?

… De que o tijolo é feito? Plástico, ouro, argila, madeira, metal?

… Qual é o formato do tijolo? Ele tem buracos? Tem encaixes para se interligar?

Agora, ao pensar nisso, você consegue imaginar ainda mais usos para o tijolo do que provavelmente anotou?

Aqui está a minha lista:

- Peso para papel

- Batente de porta

- Construção

- Casa para um peixe em um aquário

- Suporte para plantas com terra nos buracos (tijolo perfurado)

- Como troféu (tijolo pintado)

- Decoração rústica

- Para quebrar janelas

- Fazer um mural (pequenos tijolos pintados)

- Um peso para treino de resistência

- Uma cunha sob uma plataforma irregular

- Porta-canetas (tijolo com orifícios)

- Brinquedo infantil (tijolos de Lego)

- Dispositivo de flutuação (tijolo de plástico)

- Pagamento por mercadorias (tijolo de ouro)

- Estabilizador para apoiar algo

- Retentor de valor (tijolo de ouro)

- Suporte para mastro de bandeira (bloco com orifício)

- Um assento (tijolo jumbo)

Toda oferta tem blocos de construção, peças que, quando combinadas, tornam a oferta irresistível. Nosso objetivo é usar um processo de pensamento divergente para pensar em muitas maneiras fáceis de combinar esses elementos para agregar valor.

Portanto, se eu estivesse vendendo um tijolo, descobriria qual era o desejo do meu cliente e, em seguida, pensaria em quantas maneiras eu poderia criar valor com meu "tijolo".

Agora vamos fazer isso na prática.

Oferta de valor: criando sua oferta grand slam Parte I: Problemas e soluções

"ABC, fácil como 123 Ah, simples como dó ré mi"
– Michael Jackson, "ABC"

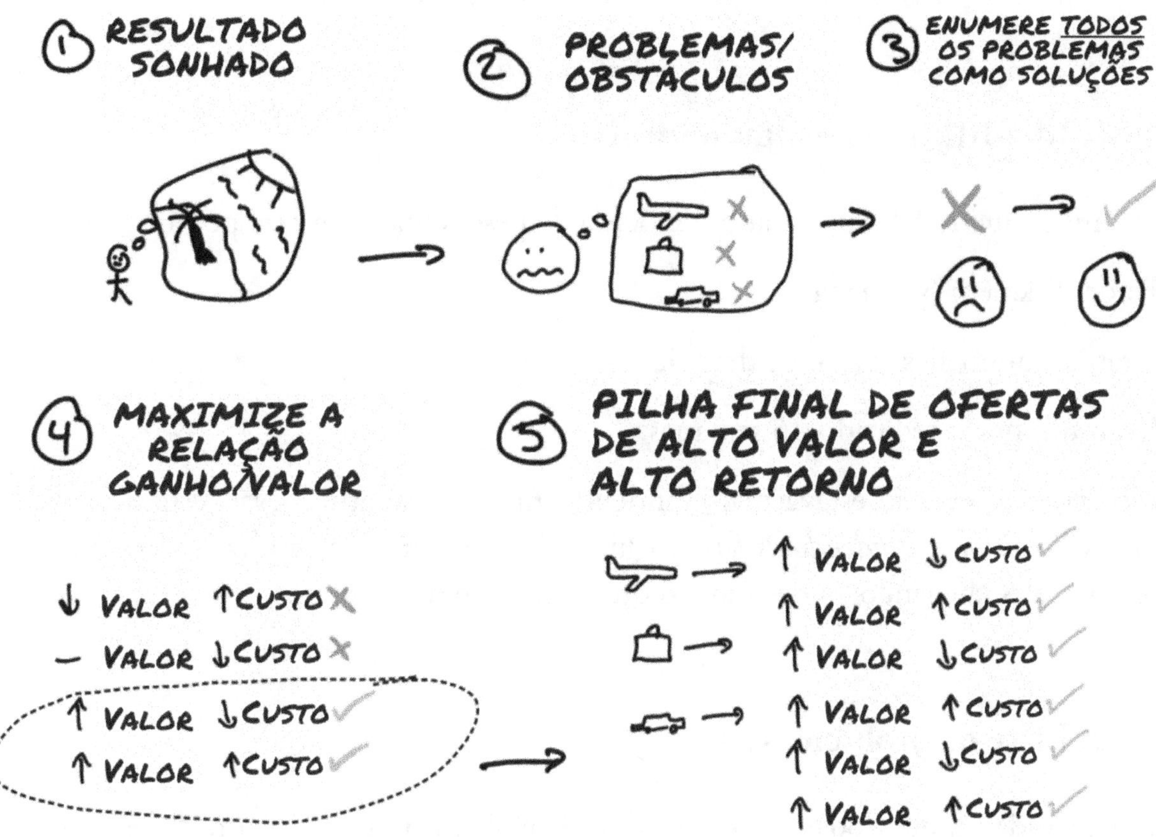

Quando comecei minha academia, tive muitas dificuldades. Eu queria muito ter sucesso, provar para meu pai que ele estava errado sobre minha decisão de abrir meu próprio negócio e provar para mim mesmo que eu valia alguma coisa. Mas, por mais que tentasse, não conseguia nem vender um pacote de academia de US$ 99/mês para as pessoas. As pessoas diziam: "A LA Fitness custa US$ 29 por mês. Isso é caro". Tentei até oferecer um período gratuito para as pessoas começarem. Elas disseram que não se interessavam porque US$ 99 por mês ainda era muito caro e não queriam começar algo que não iriam continuar.

É um novo nível de frustração quando você não consegue nem oferecer seus serviços de graça para as pessoas. Eu me sentia inútil e não sabia o que fazer. Felizmente, durante esse período, eu fazia parte de grupos com outros donos de academias e comecei a ouvir falar sobre profissionais de marketing e livros. Eu devorava tudo o que podia. E assim que me deparei com os livros de Dan Kennedy, fiquei viciado.

Em seus livros, ele falava sobre fazer "ofertas irresistíveis". Mais uma vez, esse tema de "fazer uma oferta tão boa que as pessoas se sentiriam estúpidas em recusar" continuava aparecendo. Mas, dessa vez, lembrando-me do que TJ havia me dito, decidi apostar tudo nesse conceito, em vez de apenas fazer o que todo mundo estava fazendo.

Mas como? Todos os outros estavam vendendo pacotes por US$ 99/mês. Como eu iria competir? Então, decidi analisar o que fazíamos de diferente. Pensei: o que eles *realmente* querem? Ninguém quer uma assinatura; eles querem perder peso.

Passo 1: Identificar o resultado ideal

Eu tinha ouvido falar de desafios de perda de peso, então comecei por aí.

Perder 9 kg em 6 semanas.

Grande sonho alcançado: perder 9 kg.

Com um prazo reduzido - 6 semanas.

Observação: eu não estava mais vendendo minha assinatura. Não estava vendendo o voo de avião. *Estava vendendo as férias.* Quando você pensa no resultado dos seus sonhos, ele deve ser eles chegando ao destino e o que gostariam de *vivenciar.*

Passo 2: Liste os problemas

Em seguida, anotei todas as coisas com as quais as pessoas tinham dificuldade e seus pensamentos limitantes em relação a elas. Ao listar os problemas, pense no que acontece imediatamente antes e imediatamente depois de alguém usar seu produto/serviço. Qual é a "próxima" coisa com a qual eles precisam de ajuda? Esses são todos os problemas. Pense nisso com detalhes minuciosos. Se você fizer isso, criará uma oferta mais valiosa e atraente, pois estará continuamente respondendo ao próximo problema das pessoas à medida que ele se manifestar.

Então, vamos listar os problemas da perspectiva de um cliente em potencial à medida que você pensa neles. Quais pontos de atrito existem para eles? Gosto de pensar na sequência em que o cliente enfrentará cada um desses obstáculos. Mais uma vez, canalize detalhes minuciosos (quanto mais problemas, melhor!).

Exemplo de lista de problemas: perda de peso

Primeira coisa que eles devem fazer: comprar alimentos saudáveis, fazer compras no supermercado

1) Comprar alimentos saudáveis é difícil, confuso e eu não vou gostar

2) Comprar alimentos saudáveis levará muito tempo

3) Comprar alimentos saudáveis é caro

4) Não vou conseguir cozinhar alimentos saudáveis para sempre. As necessidades da minha família vão atrapalhar. Se eu viajar, não vou saber o que comprar.

A próxima coisa que eles devem fazer: *cozinhar alimentos saudáveis*

1) Cozinhar alimentos saudáveis é difícil e confuso. Não vou gostar e não vou ser bom nisso.

2) Cozinhar alimentos saudáveis vai levar muito tempo

3) Cozinhar alimentos saudáveis é caro. Não vale a pena.

4) Não vou conseguir comprar alimentos saudáveis para sempre. As necessidades da minha família vão atrapalhar. Se eu viajar, não vou saber como cozinhar de forma saudável.

Próxima coisa que eles devem fazer: *comer alimentos saudáveis*

1) Etc…

Próxima coisa que eles devem fazer: *praticar exercícios regularmente*

1) Etc…

Agora vamos fechar o ciclo. Cada um dos problemas acima tem quatro elementos negativos. E você adivinhou, cada um deles também se alinha aos quatro impulsionadores de valor.

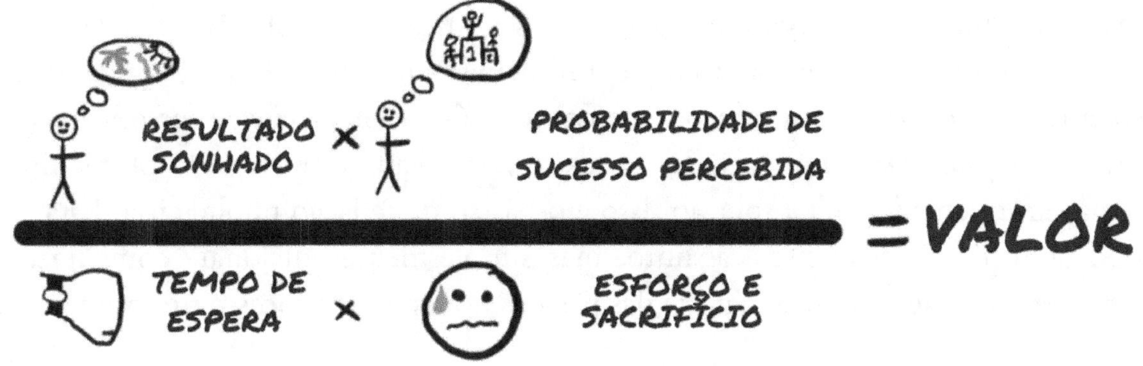

1) Resultado sonhado→ Isso não valerá a pena financeiramente

2) Probabilidade de realização→ Não funcionará para mim especificamente. Não conseguirei manter isso. Fatores externos atrapalharão meu caminho. (Este é o mais exclusivo e específico do problema).

3) Esforço e sacrifício→ Isso será muito difícil, confuso. Não vou gostar. Não vou ser bom nisso.

4) Tempo→ Isso levará muito tempo para ser feito. Estou muito ocupado para fazer isso. Levará muito tempo para funcionar. Não será conveniente para mim.

Agora, vá em frente e liste *todos* os problemas que seu cliente em potencial tem. Não deixe que esses grupos, que servem apenas para estimular seu cérebro, o limitem. Se for mais fácil para você, basta listar tudo o que vier à sua cabeça.

O que mostrei aqui não são apenas quatro problemas. Temos 16 problemas principais com dois a quatro subproblemas abaixo. Portanto, 32 a 64 problemas no total. Uau. Não é à toa que a maioria das pessoas não alcança seus objetivos. Não se sinta sobrecarregado. Esta é a melhor notícia de todas. Quanto mais problemas você pensar, mais problemas terá para resolver.

Então, para recapitular, basta listar cada coisa essencial que alguém precisa fazer. Em seguida, pense em todas as razões pelas quais essa pessoa não conseguiria fazer ou continuar fazendo isso (usando os quatro impulsionadores de valor como guia).

Agora chegamos à parte divertida: *transformar problemas em soluções*.

Etapa 3: Lista de soluções

Agora que temos o resultado dos nossos sonhos e todos os obstáculos que impedirão alguém de alcançá-lo, é hora de definir nossas soluções e listá-las.

A criação da lista de soluções tem duas etapas. Primeiro, vamos transformar nossos problemas em soluções. Em segundo lugar, vamos nomear essas soluções. É isso. Então, vamos dar uma olhada na nossa lista de problemas anterior. O que vamos fazer é simplesmente transformá-los em soluções, pensando: *"O que eu precisaria mostrar a alguém para resolver esse problema?"* Em seguida, vamos reverter cada elemento do obstáculo em uma linguagem orientada para a solução. Isso é o básico da redação publicitária. Está além do escopo deste livro entrar nesse assunto, mas simplesmente adicionar "como fazer" e depois reverter o problema dará à maioria das pessoas novas nesse processo um ótimo ponto de partida. Para nossos propósitos, estamos criando uma lista de verificação com exatamente o que precisaremos fazer para nossos clientes em potencial e o que resolveremos para eles.

Assim que tivermos nossa lista de soluções, vamos operacionalizar como vamos *realmente* resolver esses problemas (criar valor) na próxima etapa. E quero ser 100% claro. Você *vai* resolver todos os problemas. Vamos explorar como juntos, na próxima etapa.

PROBLEMA → SOLUÇÃO

PROBLEMA: Comprar alimentos saudáveis, fazer compras no supermercado

… é difícil, confuso, não vou gostar. Não vou conseguir fazer isso→ Como tornar a compra de alimentos saudáveis fácil e agradável, para que qualquer pessoa possa fazer isso (especialmente mães ocupadas!)

… leva muito tempo → Como comprar alimentos saudáveis rapidamente

… é caro → Como comprar alimentos saudáveis por menos do que você gasta atualmente no supermercado

… é insustentável → Como fazer com que comprar alimentos saudáveis exija menos esforço do que comprar alimentos não saudáveis

… não é minha prioridade. As necessidades da minha família vão atrapalhar→ Como comprar alimentos saudáveis para você e sua família ao mesmo tempo

… é impossível se eu viajar; não saberei o que comprar → Como obter alimentos saudáveis quando viajar

PROBLEMA: Cozinhar alimentos saudáveis

… é difícil, confuso. Não vou gostar e não vou ser bom nisso → Como qualquer pessoa pode gostar de cozinhar refeições saudáveis facilmente

… vai levar muito tempo → Como cozinhar refeições em menos de 5 minutos

… é caro, não vale a pena → Como comer de forma saudável é, na verdade, mais barato do que alimentos não saudáveis

… é insustentável → Como fazer com que a alimentação saudável seja um habito de toda vida

… não é minha prioridade, as necessidades da minha família vão atrapalhar→ Como cozinhar assim mesmo, apesar das preocupações da sua família

… é impossível se eu viajar, não saberei cozinhar de forma saudável → Como viajar e continuar cozinhando de forma saudável

PROBLEMA: *Comer alimentos saudáveis*

… é difícil, confuso e eu não vou gostar→ Como comer alimentos saudáveis e deliciosos, sem seguir sistemas complicados

… etc.

PROBLEMA: *Praticar exercício regularmente*

… é difícil, confuso, não vou gostar e vou ser péssimo nisso → Sistema de exercícios fácil de seguir que todos gostam

… etc.

Ok, ufa. São muitos problemas (e muitas soluções intuitivas, cortesia do pensamento divergente). Você também notará que muitos deles são repetitivos. Isso é totalmente normal. Os impulsionadores de valor são as quatro razões principais. Nossos problemas sempre estão relacionados a esses impulsionadores, e nossas soluções fornecem a resposta necessária para dar ao cliente em potencial permissão para comprar. O que é ainda mais louco: se *apenas uma* dessas necessidades estiver faltando em uma solução, isso pode fazer com que alguém *não* compre. Você ficaria *surpreso* com os motivos pelos quais as pessoas não compram. Portanto, não se limite aqui.

Brooke Castillo é uma amiga que administra uma enorme empresa de coaching de vida. Para lhe dar uma visão diferente da lista de problemas e soluções, Brooke me enviou sua lista enquanto lia este livro para fazer uma oferta Grand Slam para um curso de relacionamento de 90 dias. Dê uma olhada para ver esse processo através de uma lente totalmente diferente. A principal lição, porém: não seja sofisticado. Apenas anote todos os problemas e transforme-os em soluções.

Independentemente de a oferta que você está criando ser sobre fitness (como no exemplo), um curso sobre relacionamentos (como o de Brooke) ou algo totalmente diferente (como dores de ouvido), agora sabemos *o* que precisamos fazer. O quarto passo é o *como* (e como fazer isso sem gastar muito).

BRINDE GRÁTIS Nº 5 Tutorial bônus: Criação de ofertas – Parte 1

Se você quiser acompanhar o processo comigo ao vivo, acesse Acquisition.com/training/offers e selecione **"Criação de ofertas, parte 1"** para assistir a um breve tutorial em vídeo. Como sempre, é totalmente gratuito. Também tenho uma lista de verificação gratuita para criação de ofertas que você pode copiar e implementar imediatamente em seu negócio. Você também pode escanear o código QR se não quiser digitar. É totalmente gratuito. Aproveite.

Resultado sonhado →
Um relacionamento incrível e amoroso em 90 dias
Problemas →
Falta de boas opções
Não é atraente
Não está disponível
É chato/a
Não há química
Não há boa comunicação
Não é suficientemente excitante
O sexo não é bom
Não há estímulo intelectual
Falta de esforço no relacionamento
Falta de tempo
Insegurança
"Necessidades" não atendidas
Expectativas excessivas que não são atendidas
Comportamentos loucos, emocionalmente instável
O relacionamento é monótono
Queremos coisas diferentes
Não é bom/a em relacionamentos
Muita pressão
Vai muito devagar
A chama se apaga muito rápido
Há filhos no meio
Incompatibilidade sexual

<u>Lista de soluções</u> →

Como obter uma lista de casais em potencial para convidar para o curso de 90 dias

Como se sentir atraído pelo seu parceiro escolhido

Como encontrar um parceiro que esteja disponível

Como garantir que os 90 dias serão emocionantes e nunca entediantes

Como criar uma química como nunca experimentaram antes

Como se comunicar de forma sexy, divertida e significativa

Como tornar o relacionamento emocionante sendo você mesmo emocionante

Como ter um sexo incrível durante 90 dias

Como criar estímulo intelectual

Como se esforçar no relacionamento para maximizar os resultados

Como arranjar tempo para gerar descargas de dopamina/amor

Como superar toda a insegurança após o relacionamento de 90 dias

Oferta de valor: criando sua oferta Grand Slam Parte II: aparar e empilhar

"Corte! Corte! Corte!" **– Amigos de Rachel Green em Friends**

Dividi este capítulo em duas partes porque é a seção mais substancial do livro. É também a mais importante. Sem um produto ou serviço valioso, o resto do livro não será tão prático. Acabamos de abordar todos os problemas que vamos resolver. A segunda parte da criação da sua oferta é detalhar taticamente o que vamos fazer/fornecer ao nosso cliente. Em teoria, todos nós adoraríamos viajar e morar com nossos clientes para resolver seus problemas. Na realidade, isso não seria um negócio muito escalável. Precisamos que nossa oferta seja incrivelmente atraente *e* lucrativa.

Dito isso, se esta é sua primeira Oferta Grand Slam, é importante entregar muito mais do que o esperado. Talvez viajar não seja uma ideia tão ruim no início. Faça algumas vendas e, em seguida, pense em como tornar isso mais fácil para seus clientes. Você quer que eles pensem: "Eu recebo tudo isso por apenas isso?" Em essência, você quer que eles percebam *um valor tremendo*.

Todo mundo compra pechinchas. Algumas pessoas compram coisas que custam US$ 100.000 por apenas US$ 10.000. É assim que queremos viver: preços altos, mas uma *pechincha* pelo valor (como, esperamos, este livro até agora).

Continuidade das vendas até o cumprimento

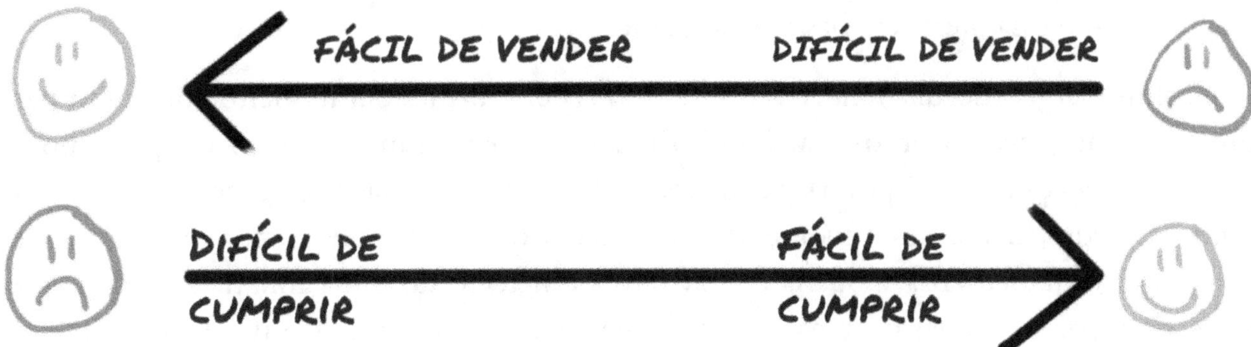

Para absorver melhor as noções de corte e empilhamento, precisamos de uma reformulação mental. Entre no continuum de vendas para cumprimento.

Sempre que você está construindo um negócio, há um continuum entre a facilidade de cumprimento e a facilidade de vendas. Se você diminuir o que precisa fazer, aumenta a dificuldade de vender seu produto ou serviço. Se você fizer o máximo possível, seu produto ou serviço fica fácil de vender, mas difícil de cumprir, pois há mais demanda sobre seu investimento de tempo. O truque, e o objetivo final, é encontrar um ponto ideal onde você venda algo muito bem que também seja fácil de cumprir.

Sempre vivi de acordo com o mantra: "Crie fluxo. Monetize o fluxo. Em seguida, adicione atrito". Isso significa que *primeiro* eu gero demanda. Em seguida, com minha oferta, faço com que eles digam sim. Depois que as pessoas dizem sim, só então adiciono atrito ao meu marketing ou decido oferecer *menos* pelo mesmo preço.

A praticidade impulsiona essa prática. Se você não consegue fazer a demanda fluir, então não tem ideia se o que você tem é bom. Prefiro fazer mais por cada cliente e ter fluxo de caixa entrando, depois otimizar meu negócio, do que ter fluxo de caixa zero entrando depois (e nenhuma ideia sobre o que preciso ajustar para atender melhor meus clientes).

Aqui está um exemplo perfeito para ilustrar isso. Quando comecei o Gym Launch, proprietários de academias entraram em contato comigo pedindo ajuda. Eles precisavam de tanta ajuda que eu não sabia por onde começar. Mas eu queria ter certeza de que eles receberiam muito mais do que me pagavam. Então, eis o que acabei fazendo para encher suas academias: eu voava até a academia deles por 21 dias, gastava meu próprio dinheiro com hotéis, aluguel de carros, refeições fora, publicidade, gerava os leads, trabalhava os leads e depois vendia para eles. Eu até fazia a primeira reunião de integração com os clientes para ajudá-los a começar. Resumindo, eu fazia *tudo*. Eu assumia todo o risco.

Eles só precisavam pagar US$ 500 para "reservar" a data, que eu tornava reembolsável no final do lançamento. Assim, eles não tinham nenhum risco financeiro, nenhum risco de tempo, nenhum esforço, e o acordo era que eu ficava com todo o dinheiro adiantado arrecadado com a venda dos serviços deles, e eles ganhavam clientes de graça. Você pode imaginar como essa oferta era bastante atraente.

Sozinho, eu conseguia vender cerca de US$ 100.000/mês em dinheiro adiantado para mim. Portanto, esses acordos eram muito lucrativos para mim. Com o tempo, ampliei isso para uma equipe de 8 pessoas vendendo todos os meses. Mas isso começou a desgastar a mim e à equipe. Foi nesse momento que percebi que, se simplesmente ensinasse a eles como fazer o que eu fazia, poderia cobrar talvez um terço do que ganharia normalmente, mas seria capaz de ajudar centenas de academias por mês, em vez de oito. E poderia fazer tudo isso dormindo na minha própria cama todas as noites.

Minha promessa era basicamente a mesma: vou encher sua academia em 30 dias. O que mudou foi simplesmente o *como* e *o que eu fazia*. O *como e o que* é o que estamos analisando.

Ao conversar com empresários sobre seu modelo de negócios, digo a eles para criarem fluxo de caixa entregando muito mais do que o esperado no início. Em seguida, use o fluxo de caixa para corrigir suas operações e tornar seu negócio mais eficiente. Esse processo de revisão pode ser bastante simples. Talvez você nem precise mudar o que oferece. Você pode acabar criando sistemas que geram o mesmo valor para o cliente, mas custam significativamente menos recursos.

Em última análise, é assim que as empresas superam umas às outras. Compreender isso será importante à medida que você expande seu negócio.

Agora que estabelecemos a importância do ponto de apoio e como abordar o equilíbrio entre vendas e atendimento desde o início, vamos abordar as duas últimas etapas da criação de nossa oferta Grand Slam. Para recapitular rapidamente, lembre-se de que abordamos a identificação dos resultados dos sonhos (etapa um), a listagem dos problemas (etapa dois) e a determinação das soluções (etapa três).

Etapa 4: crie seus veículos de entrega de soluções ("o como")

A próxima etapa é pensar em todas as coisas que você poderia *fazer* para resolver cada um dos problemas identificados. Esta é a etapa mais importante do processo. É isso que você vai *entregar*. É isso que você vai fazer ou fornecer em troca de dinheiro.

Com o objetivo de manter a criatividade elevada (pensamento divergente), pense em *tudo o que você poderia fazer*. Pense em todas as coisas que poderiam aumentar o valor da sua oferta. Tanto que seria estúpido recusar.

O que você poderia fazer para que alguém dissesse imediatamente: "Tudo isso? Sério? Sim, estou dentro."

Fazer este exercício tornará o seu trabalho de vender muito mais fácil.

Mesmo que você pense em algo que não está realmente disposto a fazer, tudo bem. O objetivo aqui é ultrapassar seus limites e estimular seu cérebro a pensar em uma versão diferente da solução que você normalmente escolheria. É aqui que você pode exercitar sua criatividade empreendedora.

Lembrete: você só precisa fazer isso *uma vez*. Literalmente *uma vez* para um produto que pode durar anos. Esse é um trabalho de alto valor e alto impacto. No final das contas, você é pago para *pensar*. Você consegue. Isso deve ser divertido. Vá em frente e liste todas as suas possibilidades agora. Em seguida, vou mostrar meu exemplo. Vou usar o problema da compra de alimentos de antes como exemplo. Gosto de agrupar as coisas de acordo com o número de pessoas para quem vou entregar isso de uma vez.

Minha lista está abaixo. E, no final, eu te dei meus "códigos de trapaça" sobre como eu penso sobre isso para ser ainda mais criativo.

Problema: comprar alimentos saudáveis é difícil, confuso e eu não vou gostar

Se eu quisesse oferecer uma solução individualizada, poderia sugerir...

a) Compras de supermercado presenciais, nas quais levo os clientes à loja e ensino-os a fazer compras

b) Lista de compras personalizada, onde ensino como fazer a lista

c) Compras com serviço completo, onde eu compro os alimentos para eles. Estamos falando de 100% feito para eles.

d) Orientação pessoalmente (não na loja), onde ensino o que comprar

e) Suporte por mensagem de texto durante as compras, onde eu os ajudo se eles tiverem alguma dúvida

f) Ligação telefônica durante as compras de supermercado, onde pretendo ligar quando eles forem às compras para fornecer orientação e suporte

Se eu quisesse oferecer uma solução para pequenos grupos, poderia oferecer...

a) Compras presenciais, onde encontro um grupo de pessoas e levo todas para fazerem suas próprias compras

b) Lista de compras personalizada, onde ensino a um grupo de pessoas como fazer suas listas semanais. Eu poderia fazer isso uma vez ou todas as semanas, se quisesse.

c) Comprar alimentos para eles, onde eu compro seus mantimentos e também os entrego

d) Orientação presencial, onde ensino a um pequeno grupo fora do local o que fazer (não na loja)

Se eu quisesse oferecer uma solução para muitos, eu poderia oferecer...

a) Tour virtual ao vivo pelo supermercado, onde eu poderia transmitir ao vivo minha visita ao supermercado para todos os meus novos clientes e deixá-los fazer perguntas ao vivo

b) Tour gravado pelo supermercado, onde eu poderia fazer compras uma vez, gravar e, a partir daí, oferecer como referência para meus clientes assistirem por conta própria

c) Calculadora de compras "faça você mesmo", onde eu crio uma ferramenta compartilhável ou mostro a eles como usar uma ferramenta para calcular sua lista de compras

d) Listas pré-determinadas, nas quais cada plano de cliente vem com sua própria lista de compras para cada semana. Eu poderia fazer isso com antecedência para que eles tivessem a lista. Assim, eles poderiam usá-la quando quisessem

e) Sistema de acompanhantes de compras, onde eu poderia emparelhar todos os clientes, o que não leva tempo nenhum, e deixá-los fazer compras juntos

f) Carrinhos de compras pré-preenchidos para entrega, onde eu poderia pré-preencher listas para que os clientes pudessem receber suas compras na porta de casa com um clique

Como você pode ver, a lista pode continuar indefinidamente. Isso é apenas para ilustrar as várias maneiras de resolver um *único* problema.

Agora faça isso para todos os problemas percebidos que seus clientes encontram antes, depois e durante sua experiência com seus serviços/produtos. Você deve ter uma lista enorme ao final disso.

Códigos de truques para entrega de produtos

O que é isso? Você está tendo dificuldade para ser criativo? Vou lhe dar os códigos de truques agora mesmo, como fiz com o exemplo do tijolo: "o tijolo pode ser de ouro, ou plástico, ou ter buracos, ou ser um lego, etc." Aqui estão meus "códigos de truques" para variação/aprimoramento de produtos e uma análise visual para detalhar o processo para você a partir do meu deck de consultoria:

QUADRO DE ENTREGAS

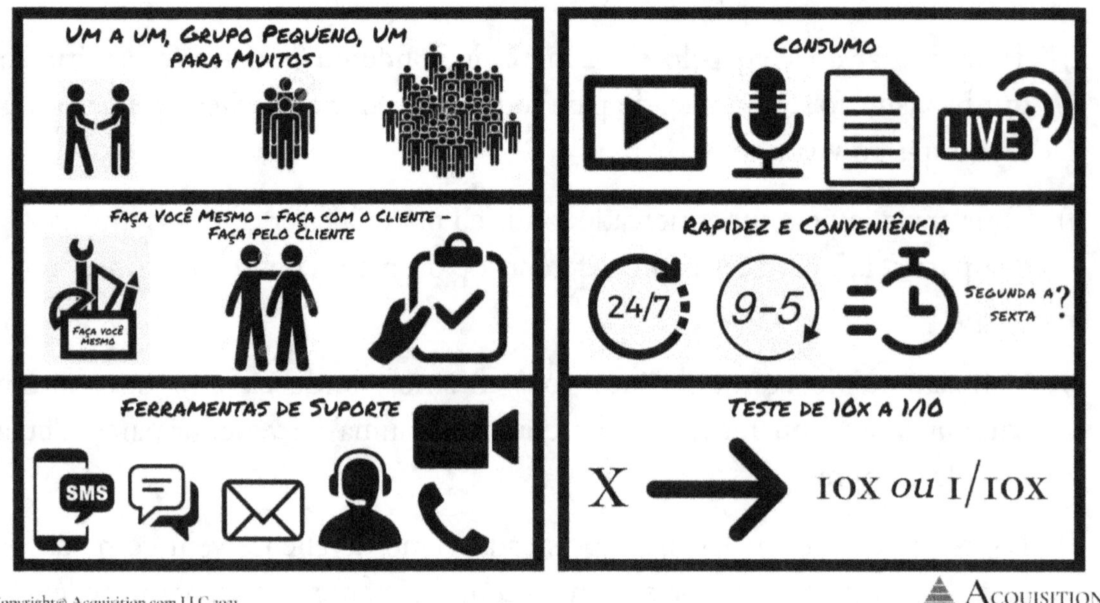

ACQUISITION.com

a) <u>Que nível de atenção pessoal desejo oferecer?</u> Individual, em pequenos grupos, para muitos

b) <u>Que nível de esforço espero que eles dediquem?</u> Façam por conta própria (DIY) — descubram como fazer sozinhos; fazer com eles (DWY) — ensine-os a fazer; faça por eles (DFY) — faça por eles

c) <u>Se for fazer algo ao vivo, em que ambiente ou meio desejo oferecer isso?</u> Presencialmente, suporte por telefone, suporte por e-mail, suporte por mensagem de texto, suporte por Zoom, suporte por chat

d) <u>Se for fazer uma gravação, como quero que eles a consumam?</u> Áudio, vídeo ou escrito.

e) <u>Com que rapidez queremos responder? Em que dias? Durante que horário?</u> 24 horas por dia, 7 dias por semana. Das 9h às 17h, em 5 minutos, em uma hora, em 24 horas?

f) <u>Teste 10x a 1/10.</u> Se meus clientes me pagassem 10 vezes o meu preço (ou US$ 100.000): o que eu forneceria? Se eles me pagassem 1/10 do preço e eu tivesse que tornar meu produto mais valioso do que já é, como eu faria isso? Como eu ainda poderia torná-los bem-sucedidos por 1/10 do preço? Expanda sua mente em qualquer direção e você encontrará soluções muito diferentes.

Em outras palavras, como eu poderia realmente cumprir essas soluções que estou afirmando que vou oferecer? Faça isso para cada problema, porque as soluções de um problema lhe darão ideias para outros que você normalmente não teria considerado.

Lembre-se de que é importante resolver *todos* os problemas. Não sei dizer quantas vezes *um* único item se torna o motivo pelo qual alguém não compra.

Anedota: por que devemos resolver *todos* os problemas percebidos

Quando eu vendia produtos para emagrecer, insistia que as pessoas preparassem todas as suas refeições em casa. Achava muito difícil ajudar os clientes a perder peso quando eles comiam fora, porque sempre estragavam suas dietas. Em vez de resolver o problema, insistia que fizessem do meu jeito ou não fizessem nada. Como resultado, perdi muitas vendas.

Em um mês, eu realmente precisava fazer algumas vendas para pagar o aluguel. Minha próxima cliente entrou pela porta — era uma executiva de negócios que queria perder peso. Quando começamos a apresentação de vendas, ela me disse que o programa não funcionaria para ela porque ela almoçava fora todos os dias. Normalmente, eu teria perdido essa venda. Eu era rigoroso em fazer com que as pessoas *não* comessem fora. Mas eu *precisava* muito do dinheiro. Recusando-me a perder a venda por causa dessa única *coisa,* concordei: "Vou fazer um guia de alimentação fora de casa para quando você for a restaurantes, para que possa comer fora 100% do tempo e ainda assim atingir seu objetivo. O que você acha?" Ela concordou e eu fechei a venda.

Dediquei um tempo para fazer um guia de refeições fora de casa para ela. Mas, a partir daquele momento, sempre que alguém dizia "mas e quanto a comer fora?", eu tinha a solução. Com o tempo, continuei resolvendo obstáculos com modelos e treinamentos até que não houvesse mais *"coisas"* que impedissem minhas vendas. Essa lição ficou gravada em minha memória até hoje. Não seja romântico sobre *como* você quer resolver o problema. Encontre uma maneira de resolver todos os problemas que um cliente em potencial apresentar. Ao fazer isso, você faz uma oferta tão boa que as pessoas simplesmente não conseguem recusar. E é isso que estamos construindo aqui.

Observação: você deve resolver todos os obstáculos que um comprador acredita que terá para converter o maior número de pessoas. Isso não quer dizer que, se você não fizer isso, não venderá para as pessoas. De forma alguma. Mas você não venderá *para tantas pessoas quanto poderia.* E esse é o objetivo: vender para o maior número de pessoas, pelo preço mais alto possível, com a margem mais alta possível.

Etapa 5: Cortar e empilhar

Agora que enumeramos nossas soluções potenciais, teremos uma lista gigantesca. Em seguida, analiso qual o meu custo de fornecer essas soluções (como empresa). Removo primeiro as que têm alto custo e baixo valor. Depois, removo os itens de baixo custo e baixo valor.

Se você não tem certeza do que é alto valor, analise a equação de valor e pergunte a si mesmo quais dessas coisas essa pessoa:

1) Valorizará financeiramente

2) Fará com que acredite que terá chances de sucesso

3) Conseguirá fazê-la sentir que pode conseguir com muito menos esforço e sacrifício

4) Vai ajudá-la a atingir seu objetivo e ver o resultado que deseja com muito menos investimento de tempo.

O que deve permanecer são itens de oferta que sejam 1) de baixo custo e alto valor e 2) de alto custo e alto valor.

<u>Exemplo:</u> digamos que eu tenha me mudado para morar com alguém e feito compras, exercícios e cozinhado para essa pessoa. Ela provavelmente acreditaria que definitivamente perderia peso. Mas eu não estou disposto a fazer isso por nenhuma quantia de dinheiro, a menos que fosse uma fortuna.

A próxima pergunta é: existe uma versão menor dessa experiência que eu possa oferecer em grande escala?

Basta dar um passo atrás de cada vez até chegar a algo que tenha um compromisso de tempo ou custo com o qual você esteja disposto a conviver (ou, obviamente, aumentar muito o seu preço para que valha a pena para você — ou seja, os milhões de dólares para morar com alguém).

Se há *um* tipo de veículo de entrega no qual se concentrar, é a criação de soluções de alto valor, "um para muitos". Essas serão as que normalmente têm a maior discrepância entre custo e valor. Por exemplo, antes de abrir minha primeira academia, eu tinha um negócio de treinamento online. Criei um pequeno aplicativo em Excel que, após inserir todas as metas de uma pessoa, gerava automaticamente mais de 100 refeições perfeitamente adequadas às suas necessidades de macronutrientes e calorias. Melhor ainda, dependendo das refeições selecionadas, ele informava o que a pessoa precisava comprar no supermercado em quantidades exatas *e* como prepará-las em grandes quantidades para as medidas exatas.

Levei cerca de 100 horas para montar tudo. Mas, a partir daquele momento, vendi planos alimentares verdadeiramente personalizados por preços muito caros, mas que levavam apenas cerca de 15 minutos para serem elaborados. Alto valor. Baixo custo.

Esse tipo de solução exige um custo inicial alto de criação, mas um esforço adicional infinitamente baixo depois. (Para sua informação, é exatamente por isso que o software se torna tão valioso).

Isso não significa que você nunca deva fazer algo em um grupo pequeno ou em um modelo individual. Afinal, eu faço sessões individuais com todos os CEOs das empresas do meu portfólio que ajudamos a expandir para mais de US$ 30 milhões. Você só precisa garantir que reserva esses itens de alto custo apenas para *grandes* agregadores de valor. Se você acha que pode obter o mesmo valor com uma alternativa de custo mais baixo, então faça isso.

Quando eu administrava minha academia, fiz esse exercício e criei: planos de ganho de massa muscular, um sistema de alimentação fora de casa, um guia de alimentação e exercícios para viagens, planos de refeições para cada peso corporal e gênero, uma calculadora de lista de compras, planos de refeições para quebrar platôs (para quando eles ficavam estagnados), guias de culinária rápida em parceria com serviços de preparação de refeições e fiz orientações nutricionais presenciais com cada cliente individualmente.

Muitas das soluções "um para muitos" exigem mais trabalho inicial. No entanto, uma vez criadas, elas se tornam ativos valiosos que geram valor perpetuamente. Vale a pena dedicar tempo para criá-las, pois elas gerarão lucros elevados nos próximos anos.

Na verdade, os planos alimentares que criei para a minha academia já foram usados por mais de 4.000 academias e literalmente centenas de milhares de pessoas. Eles são simples e fáceis de seguir. Portanto, proporcionaram um retorno generoso pelo tempo que dediquei a criá-los, que foi de uma ou duas semanas.

E se você alguma vez desejar construir um modelo de negócio repetível, algo que seja escalável, esses ativos que você criar se tornarão a base. Este livro, por exemplo, é um ativo de alto valor que tem um custo baixo no geral. Claro, ele me custou muito inicialmente, mas cada livro adicional que vendo depois do primeiro me custa muito pouco e proporciona um valor tremendo.

O resultado final de alto valor

Vamos resumir isso antes de configurarmos nosso produto final de alto valor.

Passo 1: Descobrimos o resultado dos sonhos de nossos clientes em potencial.

Passo 2: Listamos todos os obstáculos que eles provavelmente encontrarão no caminho (nossas oportunidades de valor).

Passo 3: Listamos todos esses obstáculos como soluções.

Passo 4: Descobrimos todas as diferentes maneiras pelas quais poderíamos entregar essas soluções.

Passo 5a: Reduzimos essas maneiras apenas às que representavam o maior valor e o menor custo para nós.

Tudo o que precisamos fazer agora é…

Passo 5b: Reunir todos os pacotes em um produto final de alto valor.

Então, voltemos ao exemplo. Vemos que nossos clientes em potencial enfrentavam as seguintes dificuldades:

Nota de formato

Vou apresentar cada conjunto de problema-solução da seguinte forma:

Problema → Solução → Nome mais atraente para o pacote.

Em seguida, abaixo, você verá o veículo de entrega real (o que realmente faremos por eles/forneceremos).

Comprar alimentos → Como qualquer pessoa pode comprar alimentos de forma rápida, fácil e barata → Sistema infalível de compras de alimentos com desconto… que economizará centenas de dólares por mês em seus alimentos e levará menos tempo do que sua rotina atual de compras (valor de US$ 1.000 pelo dinheiro que você economizará a partir de agora em sua vida)

a) Orientação nutricional individual, na qual explico como usar…

b) Visita recodificada ao supermercado

c) Calculadora de compras "faça você mesmo"

d) Cada plano vem com sua própria lista para cada semana

e) Treinamento para compras de supermercado com descontos

f) Sistema de acompanhamento de compras

g) Carrinhos de compras pré-preenchidos para entrega

h) E um check-in semanal por mensagem de texto.

Cozinhar → Pronto em 5 minutos: Guia de culinária para pais ocupados… como qualquer pessoa pode comer de forma saudável, mesmo que não tenha tempo (valor de US$ 600 por recuperar 200 horas por ano — isso equivale a quatro semanas de trabalho!)

a) Orientação nutricional individual, onde explico como usar…

b) Instruções para preparar refeições

c) Calculadora de preparação de refeições "faça você mesmo"

d) Cada plano vem com suas próprias instruções de preparação de refeições para cada semana

e) Sistema de preparação de refeições em grupo

f) Guia de lanches saudáveis em menos de 5 minutos

g) Uma publicação semanal que eles fazem para me marcar e pedir feedback

Alimentação → Plano alimentar personalizado para lamber os dedos… tão bom que será mais fácil de seguir do que comer que o que você comia errado na dieta, e custará menos! (Valor de US$ 500)

a) Orientação nutricional individual, onde explico como usar…

b) Plano alimentar personalizado

c) Guia de batidas matinais em 5 minutos

d) Almoços econômicos de 5 minutos

e) Jantares econômicos em 5 minutos

f) Refeições para toda a família

g) Foto diária das refeições

h) Reunião individual para ajustar o plano (e vender produtos adicionais)

Exercício → Treinos para queimar gordura comprovadamente mais eficazes do que exercícios isolados… ajustados às suas necessidades para que você nunca vá rápido demais, entre em platô ou corra o risco de se lesionar (valor de US$ 699)

Viagens→ O melhor plano de tonificação enquanto você viaja, com alimentação e exercícios … para fazer exercícios incríveis sem equipamentos, para que você não se sinta culpado por se divertir (valor de US$ 199)

Como realmente manter o foco→ O sistema de responsabilidade "nunca tropece" … o sistema imbatível que funciona sem a sua permissão (até mesmo pessoas que odeiam ir à academia ficam ansiosas para aparecer) (valor de US$ 1.000)

Como ser sociável→ O sistema "Viva a vida enquanto emagrece" para comer fora, que lhe dará a liberdade de comer fora e viver a vida sem se sentir "diferente" (no valor de $349)

Valor total: $4.351 (!) Tudo por apenas $599.

Nota do autor

A maioria das nossas instalações agora vende este pacote por períodos mais longos por US$ 2.400 a US$ 5.200. *Incrível.* À medida que ficamos melhores em criar e monetizar valor, os preços e lucros das nossas instalações dispararam. Depois que você começa esse processo de criação de valor, cada valor adicional que você cria se acumula ao longo do tempo. É por isso que é importante começar.

Você consegue ver como isso é muito mais valioso do que uma academia? O pacote faz três coisas essenciais:

1) Resolve *todos* os problemas percebidos (não apenas alguns)

2) Dá a você a convicção de que o que você está vendendo é único (muito importante)

3) Torna impossível comparar ou confundir o seu negócio ou oferta com o da concorrência

Ufa! Finalmente temos o que vamos entregar em toda a sua glória. Dito isso, é improvável que o apresentemos dessa forma. Dependendo se vendemos um a um ou um para muitos, apresentaríamos isso de maneira diferente. Abordarei como apresentar cada um desses itens agrupados na seção de bônus (próxima seção).

Pontos de resumo

Passamos por todo esse processo para atingir um objetivo: criar uma oferta valiosa que seja diferenciada e impossível de ser comparada a qualquer outra coisa no mercado. Estamos vendendo algo único. Como tal, não estamos mais sujeitos às forças normais de precificação da comoditização. Agora, os clientes em potencial tomarão uma decisão *baseada no valor*, e não *no preço*, sobre se devem comprar de nós. Viva!

Agora que temos nossa oferta principal, a próxima seção será dedicada a aprimorá-la. Empregaremos uma combinação de alavancas psicológicas: bônus, urgência, escassez, garantias e nomenclatura.

Brinde nº 6: Tutorial BÔNUS: Criação de ofertas Parte II:

Se você quiser acompanhar ao vivo o processo de maximização de lucros com corte e empilhamento, acesse <u>Acquisition.com/ training/offers</u> e selecione "Criação de ofertas, parte 2". Você também encontrará algumas listas de verificação que criei para tornar esse processo mais simplificado para você, para que possa reutilizá-las em cada produto que criar. Você também pode escanear o código QR se não quiser digitar. Como sempre, é totalmente gratuito. Aproveite.

SEÇÃO IV
APRIMORANDO SUA OFERTA

*Escassez, urgência, bônus,
garantias e nome*

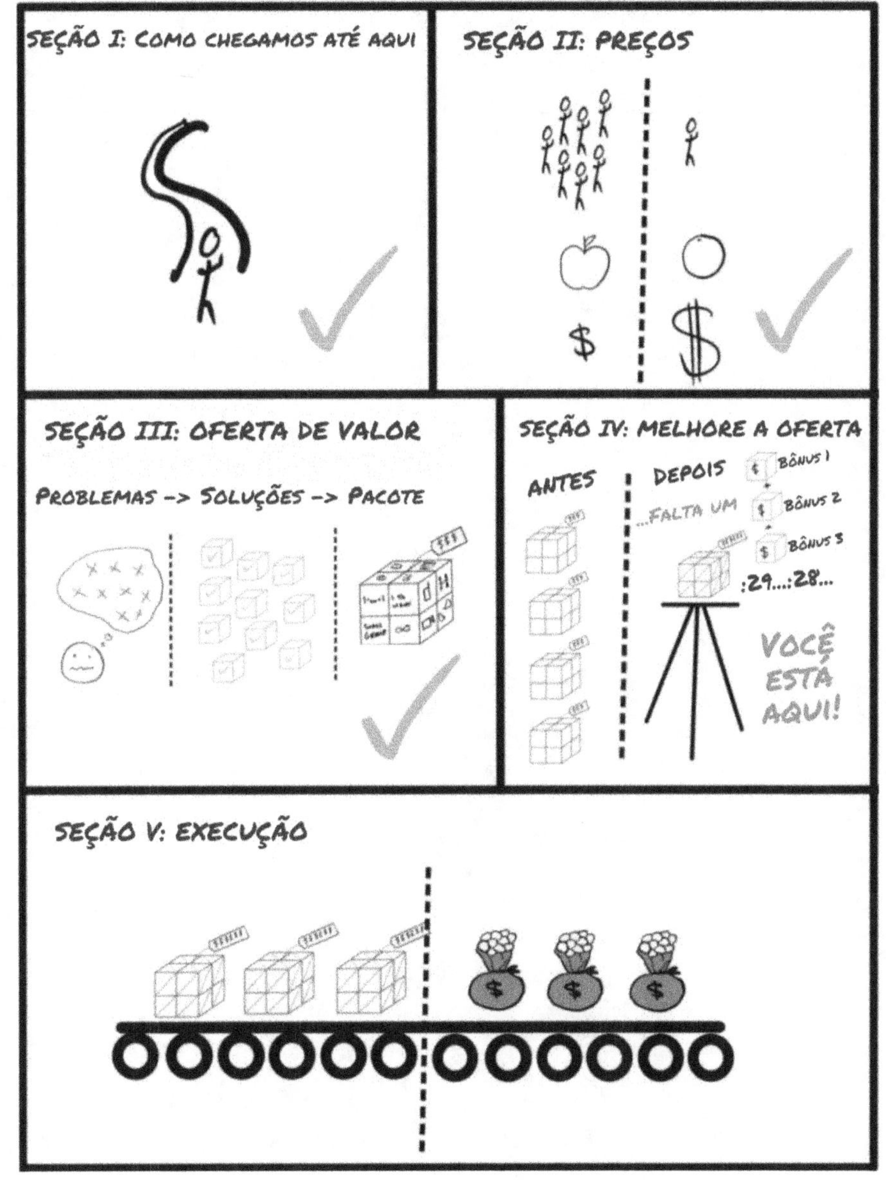

Aprimorando a oferta: escassez, urgência, bônus, garantias e nomeação

"Mas espere… tem mais, se você fizer seu pedido hoje…"
– Todos os infomerciais dos anos 90

Maio de 2019. Casa de Arnold Schwarzenegger. Arrecadação de fundos para o After School All Stars.

A fila de carros do lado de fora da casa de Arnold dava a volta na esquina… e nós estávamos em um deles. Estávamos sentados em nosso Uber quando um segurança com um fone de ouvido, terno preto e óculos escuros bateu na janela do motorista. Parecia uma cena de filme.

O motorista abriu a janela. "Nome?"

"Alex e Leila Hormozi."

Ele examinou a lista em sua prancheta, acenou com a cabeça e marcou nossos nomes. "Ótimo", disse ele. Sua postura mudou de severa para acolhedora. "Bem-vindos à arrecadação de fundos. Fiquem nesta fila. Vocês vão virar à esquerda e a segurança os acompanhará pelo resto do caminho."

O segurança falou em seu walkie-talkie com o próximo posto na estrada, sinalizando que nosso carro havia sido aprovado.

Chegar à frente da propriedade foi como entrar em um filme do James Bond. Lamborghinis, Bugattis, Ferraris e marcas de carros tão caras que nem dá para falar. Caras mais velhos com garotas jovens e seminuas. Atores famosos. Celebridades com milhões de seguidores que se gravavam ao chegar, falando com seu público pelo iPhone. E nós.

O evento de arrecadação de fundos custava US$ 25.000 por ingresso, com uma lista de convidados de apenas 100 pessoas. Havia tapete vermelho e tudo mais. Todos os anos, o evento culminava em um grande leilão de artefatos e itens memoráveis que alguns dos empresários da plateia doavam para caridade.

Andamos por lá observando as estações de entretenimento criadas propositalmente para deixar os doadores com "vontade de doar". Vimos uísques de US$ 10.000… charutos de US$ 500… itens pré-lançados de grandes marcas que só estariam disponíveis ao público meses depois. E, é claro, a culinária mais cara que você poderia imaginar. Leila e eu estávamos absorvendo tudo. Foi uma noite maravilhosa. Definitivamente nos sentimos como crianças descoladas.

Ben, o CEO da instituição de caridade, nos viu parecendo perdidos e se aproximou. Ele me pegou pelo braço para me apresentar a alguns dos outros doadores. Eram todos homens mais velhos do que eu e que doavam US$ 100.000 ou mais sem pensar duas vezes.

O homem que ele me apresentou era um dos maiores doadores da instituição de caridade. Ele havia construído um negócio de joias e relógios de luxo. Estou falando de símbolos de status raros de US$ 100.000, US$ 500.000, US$ 2.000.000 ou mais, que as pessoas compram apenas para que outros 0,001% saibam que pertencem a esse grupo. Ele havia doado mais de US$ 700.000 em mercadorias como prêmios para a arrecadação de fundos daquela noite.

"Alex e Leila, conheçam o George", disse Ben. "Ele tem sido muito generoso com seu tempo e dinheiro para a causa. George, estes são Alex e Leila Hormozi. Eles estão doando US$ 1 milhão hoje à noite para a ASAS. Achei que vocês dois eram boas pessoas e quis apresentá-los".

"Prazer em conhecê-los", disse George com olhos calmos e experientes. Ele tinha cerca de 70 anos, era alto e tinha uma constituição robusta. Dava para perceber suas origens no bloco oriental pelo sotaque. Ele parecia um homem que lutou com unhas e dentes para chegar até ali, mas suavizou seu comportamento para eventos como esse. Mas o tigre com dentes e garras permanecia sob a superfície, pronto para ser chamado a qualquer momento. Senti que entendia esse cara.

Ben quebrou o gelo. "Então… foi o George que me convenceu a aumentar o preço de US$ 15.000 por ingresso para US$ 25.000. Tivemos mais demanda do que nunca este ano. Mas segui o conselho dele. Reduzi a quantidade de ingressos que vendemos *e* aumentei os preços".

"Isso mesmo", disse George, satisfeito por seu sábio conselho comercial ter sido seguido. "Quando a demanda aumenta, reduza a oferta". Ele se animou um pouco quando falamos sobre dinheiro.

Esse homem construiu seu negócio do nada e encontrou maneiras de vender produtos com lucros extraordinários ao compreender a psicologia humana. Eu já havia aprendido há muito tempo sobre oferta e demanda, mas esse cara estava usando seus fundamentos psicológicos para impulsionar uma arrecadação de fundos. Você pode tirar o tigre da selva, mas não a selva do tigre.

As pessoas querem o que não podem ter. As pessoas querem o que outras pessoas querem. As pessoas querem coisas que apenas alguns poucos têm acesso. Ele estava absolutamente certo. Eles arrecadaram um milhão de dólares *a mais* naquela noite, antes mesmo do evento começar, reduzindo a oferta de ingressos *e* aumentando os preços. Além disso, todas as pessoas estavam mais qualificadas do que nunca para serem grandes doadores. A noite acabou sendo a mais bem-sucedida da história da instituição de caridade, arrecadando quase US$ 5.400.000 de apenas 100 pessoas (isso dá US$ 54.000 por pessoa!). Cada um dos itens foi leiloado como um item único. E se você perdesse, nunca teria outra chance de comprá-lo. Arnold ainda ofereceu alguns bônus quando duas pessoas chegavam a um lance alto o suficiente, permitindo que a instituição de caridade recebesse as duas doações.

Foi uma demonstração magistral da psicologia humana em ação em um ambiente em que as pessoas estavam conscientemente pagando a mais pelos produtos. *Os produtos permaneceram inalterados*, mas, nesse ambiente, um item que não seria vendido em outro local por US$ 10.000 foi vendido por US$ 100.000. Isso mostra o quão poderosos são a escassez, a urgência e os bônus. E explicar como usá-los para aumentar ainda mais a demanda por sua oferta, sem alterá-la, é o objetivo desta seção.

> ### Nota do autor - Outros poderes de persuasão em ação
>
> Escassez, urgência, bônus e garantias não foram as únicas ferramentas de persuasão empregadas para obter preços exorbitantes na arrecadação de fundos. Eles também usaram compromisso e consistência, status, pressão dos colegas, boa vontade, endossos de celebridades, competição, etc. No entanto, escassez, urgência e bônus são os únicos três que analisarei neste livro, pois acredito que eles pertencem mais à "oferta" e menos à "venda" propriamente dita, sobre a qual falarei em profundidade em Aquisição: Volume IV Vendas de US$ 100 milhões.

A delicada dança do desejo

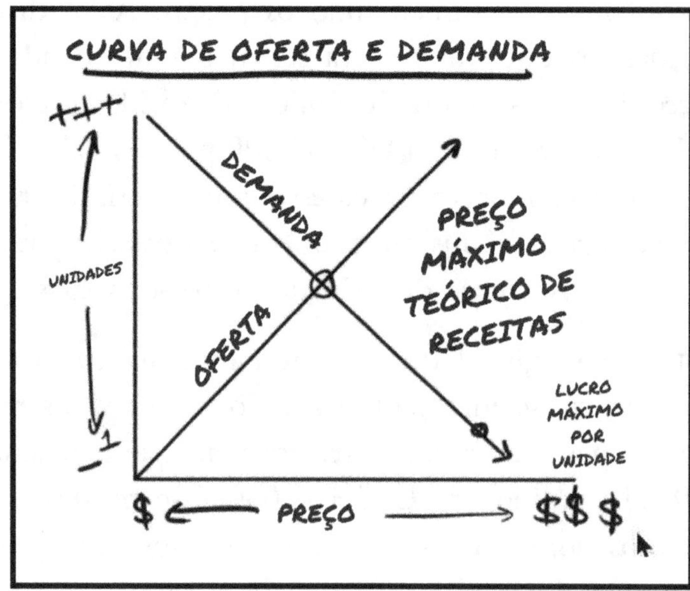

Fundamentalmente, todo o marketing existe para influenciar a curva da oferta e da demanda. Aumentamos artificialmente a demanda por nossos produtos e serviços por meio de algum tipo de comunicação persuasiva. Quando aumentamos a demanda, podemos vender mais unidades. Quando diminuímos a oferta, podemos vender essas unidades por mais dinheiro. A "combinação perfeita de lucro" é muita demanda e muito pouca oferta, ou oferta *percebida*. O processo de aprimoramento da sua oferta principal é projetado para fazer essas duas coisas: aumentar a demanda e diminuir a oferta *percebida*, para que você possa vender os *mesmos* produtos por *mais* dinheiro do que poderia e em volumes *maiores* do que poderia (em um horizonte de tempo mais longo).

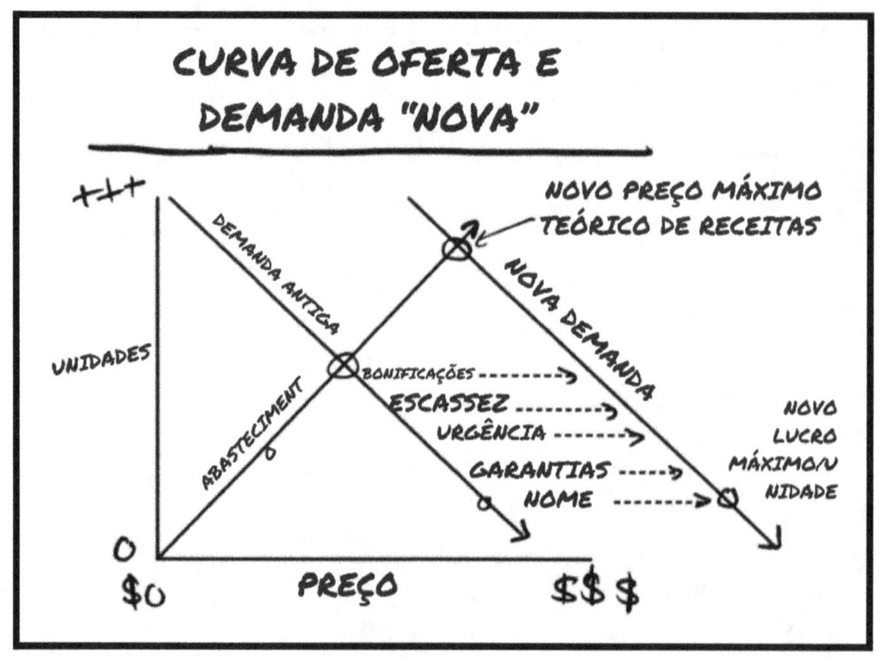

> **Nota do autor:**
>
> Isso pressupõe uma empresa comum que não está tentando obter penetração no mercado de massa para obter alguma outra vantagem estratégica.

O desejo surge quando *não* se consegue o que se quer. Na verdade, ouvi esta citação que adoro, de Naval Ravikant: "O desejo é um contrato que fazemos com nós mesmos para sermos infelizes até conseguirmos o que queremos". Segue-se, portanto, que só queremos as coisas que *não* temos. Assim que as temos, o nosso desejo por elas desaparece. Portanto, se buscamos aumentar a demanda (ou desejo), devemos diminuir ou *adiar* a satisfação dos desejos de nossos clientes em potencial. Devemos vender *menos* unidades do que *poderíamos*. Pense nisso por um segundo.

Considere este exemplo. Promovemos alguns workshops de dois dias que estão por vir. Primeiro, sussurramos que eles estão chegando. Depois, provocamos com alguns dos benefícios. Em seguida, anunciamos que eles serão lançados em uma semana. Então, quando lançamos esse workshop incrível, temos dois cenários de oferta e demanda:

Cenário um: vendemos 10 unidades a 500 dólares cada (vendemos toda a pirâmide ao preço que todos aceitam)

Cenário dois: vendemos dois workshops de um dia, individuais, por US$ 5.000 cada (retirando a parte superior da pirâmide, com 80% não comprando)

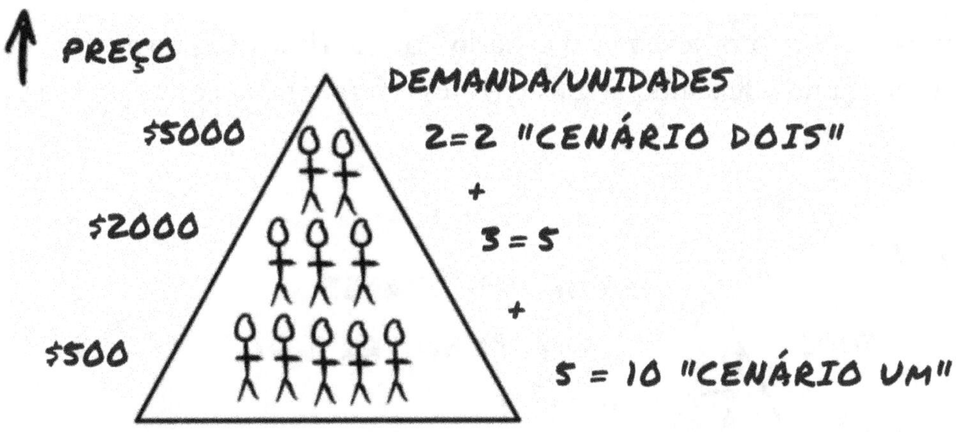

Vale a pena notar que cada um desses clientes potenciais tem um limite de compra diferente. Na minha experiência, a demanda por serviços não é linear. Em vez disso, descobri que a demanda é fractal (80/20). Em outras palavras, um quinto dos clientes potenciais está disposto a pagar cinco vezes o preço (ou mais).

No exemplo, eu poderia ter dez pessoas dispostas a pagar $500, mas duas delas dispostas a pagar $5000. Assim, eu ganharia mais, teria custos mais baixos (mais lucros), proporcionaria mais valor e aumentaria a demanda na base de clientes potenciais restante, vendendo *menos* unidades. Pense em como o cenário um *seria* exclusivo em comparação com o cenário dois. Pense em todas as pessoas que gostariam de comprar, mas não poderiam. Isso aumentaria ou diminuiria o desejo delas? Aumentaria, é claro.

Além disso, se as pessoas vissem que outras que "conseguiram entrar" estão adorando, isso aumentaria ainda mais o desejo delas. E, da próxima vez, elas agiriam com mais urgência e estariam dispostas a pagar *mais* pela mesma coisa do que pagaram originalmente. Portanto, agora, após o nosso segundo cenário, ainda temos oito pessoas com desejos insatisfeitos. Isso aumenta ainda mais o desejo delas. E, para completar, agora temos novos clientes em potencial que não estavam no grupo original e que agora querem o que temos.

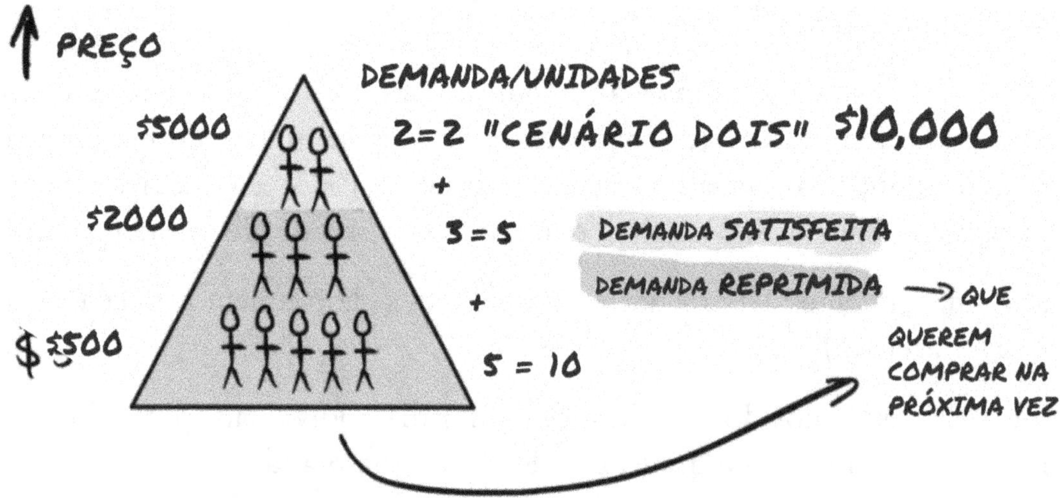

Na próxima vez que promovemos o cenário dois, abrimos *três* vagas pelo mesmo preço e vendemos todas (ainda deixando alguns clientes em potencial com demanda reprimida!). Esse é um tema recorrente.

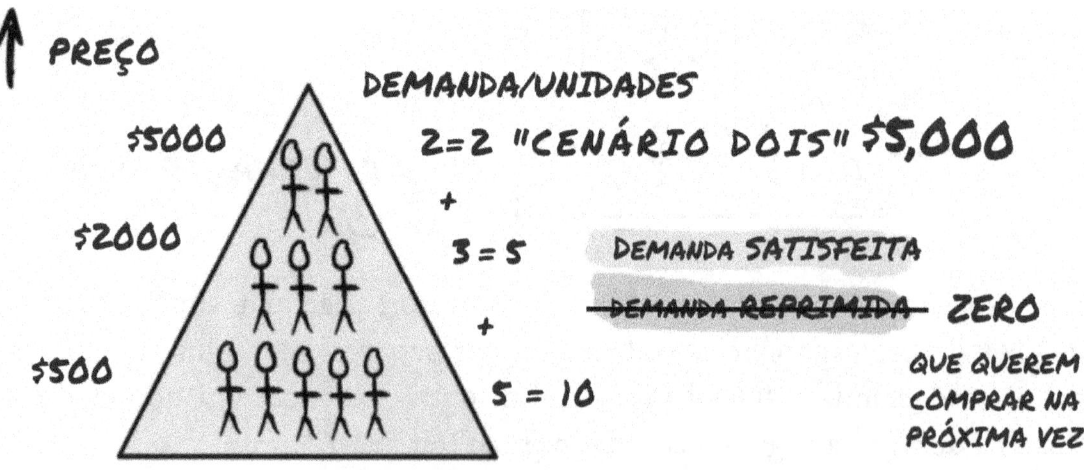

Por outro lado, se promovêssemos novamente o cenário um (o preço de $ 500), provavelmente venderíamos menos vagas na segunda vez. Por quê? Não temos demanda reprimida. Todo o desejo foi satisfeito. Quando você "puxa o gatilho muito cedo", a cada vez que promovemos, vendemos ainda menos. Eventualmente, ficamos sem demanda suficiente para fazer nem mesmo uma única venda. Essa é a triste situação em que muitas empresas se encontram, *sempre tentando gerar mais demanda* para fazer outra venda rápida.

Lei de Hormozi: quanto mais você adia o pedido, maior será o pedido que poderá fazer. "Quanto mais longa a pista, maior será o avião que poderá decolar".

Devemos nos esforçar para manter nossa oferta (e satisfação do desejo) abaixo da demanda que somos capazes de gerar. Isso maximiza os lucros e mantém o desejo voraz em nossa base de clientes. Essa é a verdadeira chave para nunca passar fome.

Pontos resumidos

A razão pela qual intitulei esta subseção "A delicada dança do desejo" é que a oferta e a demanda são inversamente proporcionais (em teoria). Se você satisfizer zero desejo (fornecer zero oferta), não ganhará dinheiro e, *eventualmente*, deixará as pessoas se sentindo rejeitadas (Observação: isso leva muito mais tempo do que você imagina).

Por outro lado, se você satisfizer toda a demanda, você matará sua galinha dos ovos de ouro e não saberá de onde virá sua próxima refeição. Dominar a oferta e a demanda vem da dança elegante entre as duas. Se você dormir com seu parceiro todos os dias, ele terá menos desejo do que se você não dormir com ele por uma semana. Queremos a perspectiva voraz, não apenas a excitação.

Portanto, compreender a interação entre essas variáveis é fundamental para melhorar sua oferta e o lucro que você terá *ao longo do tempo*. Até este ponto, abordamos todos os aspectos da sua oferta que podem torná-la imune à comparação de preços e transformar serviços e produtos comuns em coisas pelas quais as pessoas *encontrarão uma maneira de pagar*. A próxima variável que pode tornar sua oferta mais desejável é a forma como ela é apresentada. Em outras palavras, as variáveis *externas* que posicionam o produto na mente do seu cliente em potencial. Essas forças costumam ser mais poderosas do que a sua oferta principal. Na próxima seção, Aprimorando sua oferta, mostrarei como eu:

1) Uso *a escassez* para diminuir a oferta e aumentar os preços (e, indiretamente, aumentar a demanda por meio da exclusividade percebida)

2) Uso *a urgência* para aumentar a demanda, diminuindo o limiar de ação de um cliente em potencial.

3) Uso *bônus* para aumentar a demanda (e aumentar *a exclusividade percebida*).

4) Uso *garantias* para aumentar a demanda, revertendo o risco.

5) Uso *nomes* para reestimular a demanda e expandir o conhecimento da minha oferta para o meu público-alvo.

Vou definir cada um deles e, em seguida, dar exemplos de como usá-los. Usaremos todas essas variáveis para aprimorar nossa oferta e mudar a curva de demanda a nosso favor, deixando nossos clientes sempre querendo mais. Começaremos estimulando taticamente o "medo de perder", também conhecido como *FOMO*, por meio *da escassez*.

Aprimorando a oferta: escassez

"Esgotado".

A escassez é uma das forças mais poderosas e menos compreendidas para desbloquear um poder de fixação de preços ilimitado. Se você quer aprender como vender ar por milhões de dólares, preste atenção.

A razão pela qual uma autoridade (como um médico), uma celebridade (como Oprah) ou uma autoridade famosa (como o Dr. Oz ou o Dr. Phil) pode cobrar preços exorbitantes é devido à demanda *implícita*. As pessoas presumem que há muita demanda pelo tempo dessas pessoas e, portanto, não há uma grande oferta. Como resultado, deve ser caro.

Dito isso, é difícil para a maioria das empresas entender como é realmente ter uma curva de oferta e demanda desigual até que você tenha experimentado isso. Vou tentar explicar como me senti na primeira vez que experimentei isso, a fim de dar a você uma ideia do poder.

Quando entrei neste mundo das aquisições, vi os meus mentores venderem dias do seu tempo por mais de 50 000 dólares. Fiquei impressionado por duas razões. Primeiro, porque não compreendia como podiam ganhar tanto dinheiro por um único dia. Segundo, porque não compreendia quem, no seu perfeito juízo, estaria disposto a comprar isso. Com o tempo, aprendi.

<u>Vou começar pelo comprador</u>. Se eu tiver um problema raro e *precisar* resolvê-lo para minha própria busca pela felicidade, isso consumirá toda a minha atenção. Pela natureza especializada do meu problema, haverá pouquíssimas pessoas capazes de resolvê-lo. Isso significa que não há uma grande oferta de solucionadores. Em muitos casos, perceberei apenas um possível "solucionador" (oferta = 1).

> ### Estudo de caso de valor na vida real
>
> Há muitas pessoas que podem resolver o problema: *como ganhar US$ 10.000 por mês?*
>
> Mas muito menos pessoas podem resolver: *como posso adicionar US$ 5 milhões em lucro sem adicionar nenhuma linha de produtos extra ao meu negócio? (Este foi um projeto real que me levou 60 minutos e resultou em exatamente US$ 5 milhões em lucro líquido, alterando ligeiramente o modelo de preços do negócio).* Pode-se dizer que o proprietário do negócio ficou... "muito feliz" com o resultado do compromisso.

Além disso, se resolver esse problema acelerar a conquista de uma meta em um ou dois anos, ou resultar imediatamente em centenas de milhares de dólares, ou milhões de dólares, essa solução se torna muito mais valiosa, não é? Claro que sim. Portanto, se eu puder pagar US$ 50.000 a alguém por um dia de trabalho e obter um aumento de US$ 500.000 por mês na receita em três meses graças às ideias e estratégias reveladas, isso seria um retorno sobre o investimento incrível, certo?

Portanto, há dois componentes para o valor: primeiro, quão raras são as fontes; segundo, o valor real que está sendo fornecido. O valor e a raridade se combinam para criar lucros verdadeiramente impressionantes.

Consultores especializados recebem milhões de dólares para resolver problemas que valem dezenas de milhões para os clientes. O cliente paga por toda a experiência e conhecimento que o especialista tem e evita o custo dos erros (tempo e dinheiro). Em resumo, eles pulam as partes ruins e vão direto para as partes boas mais rapidamente e por menos dinheiro do que custaria descobrir por conta própria... uma bela troca econômica.

Eu pessoalmente experimentei isso pela primeira vez quando duas pessoas *diferentes* me ofereceram US$ 50.000 por um dia do meu tempo depois de falar em um evento. Elas estavam expandindo um negócio de educação em um nicho (não muito diferente do meu) e não conseguiam ultrapassar a marca de US$ 1 milhão por mês. Como alguém que estava ganhando US$ 1 milhão por *semana* no mesmo tipo de negócio (na época), eu era um tipo *muito* específico de pessoa com a chave para o problema deles.

Então, o que aconteceu, você pergunta? *Rufem os tambores...* Eu não aceitei as ofertas deles. Por quê? Porque eu estava ganhando mais de US$ 50.000 por dia com meu negócio e não queria distrações.

> **Nota do autor:**
>
> Foi anos depois que eu comecei a Acquisition.com para ajudar essas mesmas pessoas. Mas, em vez de cobrar uma taxa diária, eu simplesmente me tornei um acionista da empresa para alinhar completamente os interesses de curto e longo prazo (e assim poder acompanhar as implementações). E como meu tempo é limitado pelas leis da física, para todos os outros abaixo da marca de US\$ 3 milhões a US\$ 10 milhões por ano, eu faço todos esses materiais gratuitamente :)

Após o término do evento, conversando com Leila, percebi como, de alguma forma, me tornei "uma daquelas pessoas sobre as quais sempre me perguntei". Foi uma experiência muito surreal para mim. Finalmente entendi como os preços premium eram *realmente* formados… simples oferta e demanda. Há poucas coisas que substituem uma demanda incrível. Você pode tentar fingir, mas há um tipo especial de vibração de "não dar a mínima" que é difícil de replicar quando você realmente não precisa do dinheiro de uma pessoa (ou mesmo não o quer).

É assim que esses caras podem cobrar tanto… porque eles não precisam disso. A pessoa que menos precisa da troca sempre tem a vantagem. Eu sempre tento me lembrar disso. É um dos princípios de negociação e precificação que mais me ajudou na vida.

"Mas Alex, como você vai me mostrar como usar a escassez para aumentar a quantidade de pessoas que querem minha oferta quando atualmente ninguém quer?" Ótima pergunta. Vamos abordar algumas estratégias reais e práticas para criar escassez *de forma confiável*.

Criando escassez

Quando há uma oferta ou quantidade fixa de produtos ou serviços disponíveis para compra, isso cria "escassez" ou "medo de perder". Isso aumenta a necessidade de agir e, por extensão, de comprar sua oferta. É aqui que você compartilha publicamente que está oferecendo apenas X quantidade de produtos ou que só pode atender Y novos clientes.

Por exemplo, se um músico lança um moletom com capuz de edição limitada e diz que só fez 100 e que eles nunca mais serão fabricados, você está mais ou menos propenso a comprá-lo do que um que está sempre disponível? Mais propenso, naturalmente. A ideia de que você *nunca* mais poderá obtê-lo o torna mais desejável.

Este é um exemplo de escassez. É o medo de perder algo. Isso atinge nosso medo psicológico de perda para nos levar a agir. Os seres humanos são muito mais motivados a agir para acumular um recurso escasso do que para agir em algo que poderia ajudá-los. *O medo da perda* é mais forte do que *o desejo de ganho*. Vamos usar essa alavanca psicológica para fazer com que seus clientes comprem freneticamente, todos de uma vez, até que você *esgote o estoque*.

Três tipos de escassez

1) Oferta limitada de lugares/vagas: em geral ou durante um período de tempo X.

2) Oferta limitada de bônus

3) Nunca mais disponíveis.

Mas como usar isso corretamente sem parecer falso? Vou tentar dar alguns exemplos reais

<u>Produtos físicos</u>

Ter lançamentos limitados é um método comprovado de usar esse viés psicológico a seu favor. Você pode ter lançamentos limitados de sabores, cores, designs, tamanhos, etc. "Este mês, estamos lançando 100 caixas de barras de proteína com sabor de biscoito de chocolate com menta." Ponto importante: para utilizar corretamente esse método, você <u>deve *sempre* esgotar o estoque</u>.

Eis o motivo: é melhor esgotar o estoque consistentemente do que fazer pedidos em excesso e não conseguir criar essa escassez. Esse método se torna ainda mais eficaz se for repetido ao longo do tempo (mas não com muita frequência). Uma vez por mês parece ser o ideal para a maioria das empresas que conheço que fazem isso regularmente.

Segunda observação importante: ao usar essa tática, você também deve informar a todos que esgotou o estoque. Isso é parte do que faz com que ela funcione tão bem. Dessa forma, mesmo as pessoas que estavam indecisas, quando veem que o produto esgotou, têm a prova social de que *outras pessoas* acharam que valia a pena. E agora que a escolha foi feita por elas, elas desejam ainda mais o produto, pois não há como obtê-lo. Assim, da próxima vez que você fizer a oferta, elas estarão muito mais propensas a aceitá-la.

Curiosidade: a Chanel, uma marca que mantém margens e preços absurdos há mais de um século, é mestre em sescassez. Eles enviam apenas 1 ou 2 peças de cada item para cada loja, de modo que cada loja tem uma seleção diferente e cada item é o último ou o penúltimo em estoque. Isso permite que eles pratiquem preços muito acima do mercado e transformem impulsos de compra em compras reais.

<u>Serviços</u>

Com serviços, especialmente se você deseja obter clientes de forma consistente, pode ser um pouco mais complicado usar a escassez. Mas vou mostrar algumas maneiras simples de empregar a escassez de forma ética para aumentar suas taxas de aceitação de ofertas. Todas elas têm elementos semelhantes, com pequenas alterações. Estou enumerando essas opções porque uma delas pode se encaixar melhor no seu modelo de negócios do que as outras.

1) **Limite total de negócios - Aceitando apenas... X clientes.** Aceitando apenas X clientes neste nível de serviço (contínuo). Isso coloca um limite no número de clientes que você atende, mas também os mantém nele. Você cria uma lista de espera para novos clientes em potencial. No momento em que a porta se abre, eles entram imediatamente e a resistência ao preço desaparece. Periodicamente, você pode aumentar a capacidade em 10-20% e, em seguida, limitar novamente. Isso funciona bem para seus níveis mais altos ou níveis de serviço.

    a) É como dizer: "Minha agência atenderá apenas 25 clientes no total. Ponto final." Com o tempo, você pode aumentar seus preços e eliminar as contas de baixo desempenho e trazer novas contas mais lucrativas ou pode "abrir vagas" periodicamente, conforme sua capacidade permitir (sempre deixando alguma demanda não atendida).

2) **Limite da taxa de crescimento - Aceitar apenas X clientes _por semana_ (contínuo)** "Aceitamos apenas 5 novos clientes por semana e já temos as três primeiras vagas preenchidas. Tenho mais seis ligações esta semana, então você pode pegar a vaga ou uma das minhas próximas ligações, ou pode esperar até reabrirmos". Eu uso esse método desde o início do meu negócio. Eu sempre soube qual era a minha capacidade por semana e simplesmente optei por informar aos nossos clientes em potencial quantas vagas ainda tínhamos disponíveis. Isso se baseia no fato de que você só pode lidar com uma certa quantidade de novos clientes regularmente, então é melhor informá-los disso.

3) **Limite de coorte - Aceitando apenas... X clientes _por turma ou coorte_.** Semelhante ao acima, exceto que é feito na cadência que você desejar. Aceitar apenas X quantidade por turma ou coorte durante um determinado período é outra maneira de pensar sobre isso. Imagine que você só começa a trabalhar com clientes mensalmente ou trimestralmente. Isso ajuda a estabelecer algumas cadências para sua empresa operacionalmente, ao mesmo tempo que permite à sua equipe de vendas uma escassez legítima. Exemplo: "Aceitamos 100 clientes 4 vezes por ano. Abrimos as portas e depois as fechamos". Etc.

> ## Dica profissional - Ofereça acesso limitado para serviços mais caros
>
> Essas táticas de escassez funcionam especialmente bem para vendas adicionais de alto valor. Se você deseja criar workshops, treinamentos, eventos, seminários, consultoria etc, únicos. Essas são coisas que, por natureza, levam tempo e oferecem mais acesso. Combinar isso com escassez clara ou quantidades, vagas ou lugares fixos aumentará rapidamente a demanda. Mas lembre-se sempre de ter *menos vagas disponíveis do que você acha que pode vender...* para que, quando quiser fazer isso novamente no futuro, todos se lembrem de que *você esgotou as vagas... rapidamente.* Essa é uma estratégia composta que aumenta em eficácia ao longo do tempo. Uma das poucas no arsenal de marketing.

Deixe-me dar um exemplo real de escassez para aumentar o valor de um ímã de leads gratuito. Se eu lhe dissesse agora que tenho uma lista de verificação que você pode baixar gratuitamente com todos os materiais deste livro em formato de lista com marcadores, você provavelmente deixaria este livro de lado e iria baixá-la agora mesmo.

Mas, se eu lhe dissesse que configurei para que, a cada semana, a página permita que apenas *vinte* novas pessoas façam o download, você ficaria muito *mais propenso* a ir ver se consegue obtê-la. E ainda mais se, ao tentar, você perceber que já não há mais disponibilidade para a semana. Resultado? Você se inscreve em uma lista que o notifica quando mais vinte listas de verificação estiverem disponíveis para download. O que acontece a seguir? Quando receber essa notificação, você clicará no link em seu celular e acessará a página, porque não quer perder a oportunidade novamente.

Ao empregar a escassez, transformamos o que seria apenas um "download gratuito interessante" em algo desejável que nem todos têm acesso. Você também, por extensão, ficaria muito mais propenso a consumi-lo quando o obtivesse... tudo por causa de como controlamos a oferta. Legal, não é?

Escassez honesta (a escassez mais ética)

A estratégia de escassez mais fácil é a honestidade. Espere, o quê? Deixe-me explicar.

Tenho certeza de que, neste momento, você provavelmente não conseguiria lidar com 1.000 clientes amanhã, certo? Mas com quantos você conseguiria lidar? 5? 10? 25? Bem, você pode definir um número que está disposto a aceitar em um determinado período e, então, anunciá-lo. Simplesmente informar às pessoas que você está com três quartos da sua capacidade ocupada esta semana fará com que elas se decidam a comprar de você. Ou informar às pessoas que você está com 81% da sua capacidade ocupada no total fará com que elas se sintam mais propensas a se inscrever com você "antes que percam a chance". A escassez também implica, em si, uma prova social. Se você está com 81% da capacidade, então uma quantidade razoável de pessoas decidiu trabalhar com você e, quanto mais perto você chegar da sua capacidade máxima arbitrária, mais rápido as vagas desaparecerão. Mas só você pode definir onde está o limite da "capacidade máxima". Legal, não é?

Pontos de resumo

Empregue um ou vários métodos de escassez no seu negócio. Você impulsionará uma decisão de compra mais rápida dos seus clientes potenciais e a preços mais altos. Basta informá-los dos seus limites e deixar a psicologia fazer o resto.

Agora que abordamos algumas das minhas táticas favoritas de escassez que você pode usar durante todo o ano, o que mais você poderia fazer para aumentar a demanda *sem* alterar nada em sua oferta? Aumente a urgência. Abordaremos isso a seguir.

Dica profissional - Escassez extrema

Se você não odeia dinheiro, venda um acesso individual *muito* limitado. Você pode fazer isso por meio de qualquer um dos meios descritos em "Cubo de entrega". Acesso por mensagem direta. Acesso por e-mail. Acesso por telefone. Acesso por mensagem de voz. Acesso por Zoom. Etc. Há muitas maneiras de fazer isso. Mas prometo uma coisa: se você quiser ganhar muito dinheiro imediatamente, crie um nível de serviço *muito* exclusivo com base no acesso a você (sim, não escalável), que você limita a um número *muito pequeno*. Coloque um preço *muito* alto. Depois, divulgue para as pessoas. Você ganhará mais dinheiro do que imaginava ser possível. Esses também tendem a ser alguns dos melhores clientes. E limite sua entrega a algo que você não odeia. No meu caso, odeio e-mails e mensagens, mas não me importo com chamadas pelo Zoom. Faça com que isso funcione para o seu estilo de trabalho. A nata da nata (1% de 1% se ajustará e entrará em ação).

Dica profissional - uma vez que você sai, nunca mais pode voltar

Você pode criar escassez também limitando seu nível de serviço e dizendo que, se eles saírem, nunca poderão voltar. Esse tipo de escassez faz com que as pessoas pensem muito antes de sair. Comecei a fazer isso com minhas academias desde o início. Depois, participei de um grupo de mentores que empregava essa tática. Então, comecei a usá-la em meu nível mais alto do Gym Lords. Isso funciona melhor com grupos pequenos (como no exemplo acima). À medida que os grupos ficam muito maiores, a tática perde um pouco de eficácia (falando por experiência própria).

Aprimorando a oferta: urgência

A escassez é uma função da *quantidade*. A urgência é uma função do *tempo*.

É aqui que você limita *apenas quando* as pessoas podem se inscrever, em vez de *quantas*. Ter um prazo definido ou um limite para que uma compra ou ação ocorra cria urgência. Frequentemente, escassez e urgência são usadas juntas, mas vou separá-las para ilustrar os conceitos.

Vou mostrar-lhe as minhas quatro formas favoritas de usar a urgência de forma consistente e ética: 1) Coortes contínuas, 2) Urgência sazonal contínua, 3) Urgência promocional ou de preços e 4) Oportunidade explosiva. Elas irão empregar a urgência no seu negócio sem parecerem falsas. Minha maneira favorita de fazer isso é ter grupos de clientes começando em um ritmo regular. Isso tem o benefício operacional adicional de ajudar você a criar uma experiência de integração coreografada para novos clientes. À medida que você cresce, isso se torna cada vez mais importante.

1) Urgência contínua baseada em grupos

Por exemplo, se você começa com clientes todas as semanas (mesmo em quantidades ilimitadas), pode dizer: *"Se você se inscrever hoje, posso colocá-lo no nosso próximo grupo que começa na segunda-feira, caso contrário, terá que esperar até a nossa próxima data de início"*.

Se quiser dar um toque a mais, você pode dizer: *"Na verdade, um cliente que se inscreveu há algumas semanas desistiu, então tenho uma vaga para o nosso próximo grupo, que começa na segunda-feira. Se você tem quase certeza de que vai fazer isso mais cedo ou mais tarde, é melhor entrar agora para começar a colher os frutos mais cedo, em vez de pagar o mesmo e esperar"*.

Essas duas pequenas alterações impulsionaram muitas vendas, apenas lembrando ao cliente em potencial que, se ele se inscrever, começará na segunda-feira, e se não o fizer, terá que esperar uma semana. São pequenas coisas como essa que levam as pessoas a tomar a atitude que sabem que devem tomar de qualquer maneira.

Obviamente, quanto menos frequente for o início de novos clientes, mais poderoso será esse efeito. Por exemplo, se você só inicia clientes duas vezes por ano, as pessoas ficarão muito inclinadas a se inscrever, especialmente à medida que a data se aproxima. Mesmo iniciar novos clientes a cada duas semanas pode conferir esse impulso de urgência.

E se eu perder vendas por recusar negócios?

Assim como nas garantias, sempre existe o medo de que você ganhe menos dinheiro ao empregar essa estratégia. Temos medo de perder vendas que teríamos feito de outra forma. Todos os profissionais de marketing experientes do planeta dirão a você: isso é um medo infundado. As maiores vendas em uma campanha ou lançamento de uma semana acontecem nas últimas 4 horas do último dia (até 50-60%). Isso significa que os últimos 3% do tempo alocado geram 50-60% das vendas... isso é completamente ilógico, mas também inconfundivelmente *humano*. Portanto, assim como uma garantia, você ganhará mais dinheiro com as muitas pessoas que decidiram agir do que com as pessoas que realmente perderam a oportunidade, porque, na realidade, essas pessoas nunca iriam comprar (ora, elas nem compraram quando estavam com as costas contra a parede, então por que comprariam sem isso?). É bom lembrar.

> **O que fazer se você acabou de iniciar um grupo e alguém quer comprar...**
>
> Você tem duas opções: 1) você pode oferecer a eles uma integração rápida e personalizada para colocá-los em dia como um "bônus" por se inscreverem hoje e ainda assim incluí-los. Ou, minha preferência, 2) você pode explicar a eles que, como o próximo grupo começa em breve, eles terão a vantagem de ter mais tempo para revisar os materiais, conversar com seus funcionários (para produtos B2B) ou familiares (para produtos B2C). Além disso, eles podem ter um plano de pagamento mais prolongado que você só pode disponibilizar a eles, já que a data de início ainda está muito longe... uma vantagem que a maioria dos clientes não tem. No final das contas, lembre-se de que você sempre tem a vantagem, porque é você quem toma as decisões.

2) Urgência sazonal contínua

Em um ambiente digital, ter contagens regressivas reais para a data de inscrição é *muito* útil. Mas certifique-se de que elas sejam reais. Se não forem, você perderá credibilidade e *parecerá* apenas *mais um aspirante a profissional de marketing*. Isso é muito comum em negócios na Internet que usam modelos de "lançamento". Pessoalmente, *adoro* ter as datas em que estou realizando uma promoção nas minhas páginas de destino *e* nos meus textos. Quero que isso fique visível em todos os lugares. O bom é que você sempre pode lançar outra campanha publicitária e uma nova página de destino com novas datas e tudo ficará bem. Você verá suas conversões dispararem, e isso leva talvez cinco minutos de edição — vale muito a pena o investimento de tempo.

Exemplo: Nossa promoção de Ano Novo termina em 30 de janeiro!

Próximo mês: nossa promoção de Dia dos Namorados termina em 30 de fevereiro!

No próximo mês: nossa promoção especial Sexy By Spring termina em 31 de março!

No próximo mês: nossa promoção "Fools in Love" termina em 30 de abril!

A promoção em si pode ser a mesma, mas dar a ela um nome diferente "por temporada" oferece um diferencial "real" que define um início e um fim. Prazos impulsionam decisões. Basta ter esses prazos para que as pessoas se esforcem ao máximo para não perder a oportunidade.

    123

> **Dica profissional - Empresas locais:** Esta é minha estratégia número um para empresas locais. Elas devem variar seu marketing com mais frequência do que os anunciantes nacionais. Colocar uma nova embalagem com uma data no mesmo serviço principal dá a você urgência e novidade que superarão consistentemente as "mesmas velhas" campanhas.

3) Urgência baseada em preços ou bônus

Essa é outra maneira de criar urgência usando sua oferta real ou estrutura de promoção/preços como algo que eles podem perder (muito inteligente!). Isso permite que empresas que vendem para clientes durante todo o ano ainda usem a urgência. Por exemplo: *"Sim, vamos começar hoje para que você possa aproveitar o desconto que veio buscar. Não sei por quanto tempo ele estará disponível, pois mudamos as ofertas a cada 4 semanas, e esta é uma das melhores que temos oferecido nos últimos tempos"*.

Isso cria um certo receio de perder a promoção (ou desconto ou bônus), em vez do seu serviço em si. Seria mentira dizer que, se você tem uma empresa de telhados, não prestará o serviço se eles comprarem após a data. Mas, se você falar especificamente sobre a promoção, muitas vezes poderá despertar a mesma urgência na compra no cliente em potencial, mantendo sua integridade — uma situação em que todos ganham. Você pode implementar uma promoção de preço, desconto ou bônus adicionais, como instalação gratuita, integração gratuita ou um workshop extra (no valor de US$ 1.000), se eles comprarem agora. Todas essas são coisas que você pode implementar em sua oferta principal para criar urgência.

> **Dica profissional — Limpe seu pipeline a cada mudança de preço**: se você realmente estiver planejando aumentar seus preços (esperamos que em breve, se você estiver lendo este livro!), você sempre pode limpar seu pipeline informando às pessoas: "O preço vai subir! Então, aproveite agora!" Nunca aumente seus preços sem informar as pessoas. Isso mostra uma posição de força e lhe dará um bom influxo de dinheiro das pessoas no pipeline que estavam indecisas.

4) Oportunidade explosiva

Ocasionalmente, você exporá o cliente em potencial a uma oportunidade de arbitragem. A oportunidade em si tem um prazo, como todas as grandes oportunidades. A cada segundo que alguém demora, perde ganhos desproporcionais.

Exemplo: se eu estivesse explicando uma oportunidade de arbitragem entre comprar produtos no eBay e vendê-los na Amazon, essa ineficiência do mercado se corrigiria com o tempo. Quanto mais cedo alguém agir, melhor será para ele. Isso pode ser verdade para vender a alguém a oportunidade de negociar criptomoedas, comprar ações, entrar em uma nova plataforma para anunciar antes que os concorrentes entrem na onda. Ambientes de trabalho altamente competitivos costumam receber ofertas de emprego que são "ofertas explosivas": a cada dia que se espera para aceitar o emprego, o salário ou os bônus diminuem. Isso força os candidatos a tomar decisões rápidas, em vez de tentar "esperar para ver" se recebem uma oferta melhor.

Todos esses exemplos mostram oportunidades que se deterioram com o tempo, então, se você se deparar com uma oportunidade como essa, certifique-se de enfatizá-la!

Pontos de resumo

Adicionar um prazo e incorporar uma ou várias formas de urgência fará com que mais pessoas ajam do que fariam de outra forma. Eu empreguei todos esses quatro métodos com grande eficácia. Sugiro que você faça o mesmo. A seguir… Bônus!

Brinde nº 7: Tutorial bônus: Como usar a escassez e a urgência de forma ética

Se você quiser ver alguns exemplos reais (éticos) de escassez e urgência comigo, acesse Acquisition.com/training/offers e selecione **"Escassez e urgência"** para assistir a um breve tutorial em vídeo. Você também poderá obter minha lista de verificação de escassez e urgência que uso ao criar ofertas. Você também pode escanear o código QR se não quiser digitar. Como sempre, é totalmente gratuito. Aproveite.

Aprimorando a oferta: bônus

"É tudo lucro, querida"
– Trocadilho com um velho ditado inglês.

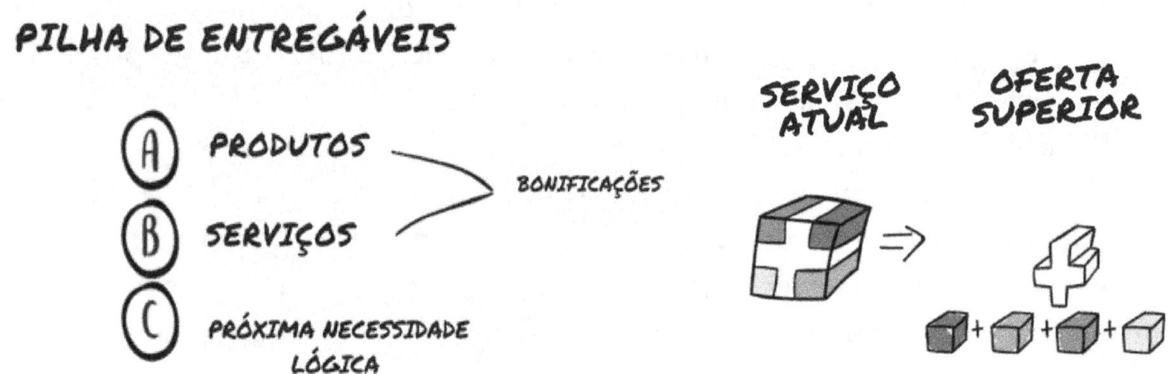

Tenho que agradecer especialmente a Jason Fladlien por minha renovada apreciação pelos bônus. Eles são tão poderosos que ganharam um capítulo inteiro. Neste capítulo, vou abordar: o que oferecer, como escolhê-los, como avaliá-los, como apresentá-los, como precificá-los.

O ponto principal que quero que você retenha é que *uma única oferta tem menos valor do que a mesma oferta dividida em suas partes componentes e agrupadas como bônus (veja a imagem)*. A totalidade da nossa oferta foi apresentada no final da última seção. Esta seção é sobre como apresentar essas partes e em que ordem. Por exemplo, posso de fato fazer muitas coisas no meu serviço, mas até que eu as enumere, elas são desconhecidas. É por isso que todos os infomerciais de todos os tempos continuam com "mas espere… tem mais!"

Eles não usariam essas técnicas se não fossem eficazes, pois cada segundo de tempo no ar custa dinheiro e deve ser justificado com o retorno sobre o investimento. Você também notará que, se assistir a esses antigos infomerciais, eles vendiam uma faca por US\$ 38,95 e incluíam outras 37 facas, afiadores, panelas e garantias para convencer o cliente em potencial. Eles estabelecem o preço e, em seguida, o ampliam até você sentir *que é um negócio tão bom que seria estúpido deixá-lo passar.*

A razão pela qual isso funciona é que estamos aumentando a discrepância entre preço e valor para o cliente em potencial, aumentando o valor entregue em vez de reduzir o preço. Ancoramos o preço que informamos a eles na oferta principal. Então, com cada bônus cada vez mais valioso, essa discrepância fica cada vez maior até ficar grande demais para suportar e quebramos o elástico em suas mentes que mantêm suas carteiras nos bolsos.

Agora vamos apresentar essa "pilha" de produtos que montamos anteriormente de uma forma que os torne irresistíveis.

> **Dica profissional: adicione bônus em vez de descontos sempre que possível nas ofertas principais**
>
> Sempre que tentar fechar um negócio, nunca dê descontos na oferta principal. Isso ensina aos seus clientes que os seus preços são negociáveis (o que é péssimo). Adicionar bônus para aumentar o valor e fechar o negócio é muito melhor do que reduzir os preços. Isso coloca você em uma posição de força e boa vontade, em vez de fraqueza.

Apresentar bônus em vendas individuais versus vendas em grupo

Existem diferenças importantes entre apresentar uma oferta para um grupo e para uma única pessoa. A venda em grupo está além do escopo deste livro. Mas quero pelo menos abordar quando um bônus seria mencionado em um cenário de venda individual. Ao vender individualmente, você solicita a venda *primeiro,* antes de oferecer os bônus. Se eles aceitarem, depois que eles se inscreverem, você os informa sobre os bônus *adicionais* que receberão. Isso cria uma *experiência impressionante* e reforça a decisão de compra deles.

Por outro lado, se a pessoa *não* comprar após a primeira solicitação, apresente um bônus que corresponda ao obstáculo percebido por ela e ofereça novamente. Não se sinta estranho por oferecer novamente. Basta concordar com o cliente em potencial, adicionar o bônus e perguntar se essa compensação foi "justa". As pessoas têm dificuldade em rejeitar a reciprocidade, então, ao adicionar um bônus para acomodá-las, depois outro e outro, elas se sentirão quase obrigadas a comprar de você.

Se você se lembra do nosso capítulo "Ajustar e empilhar", cada um desses resultados está agora sendo transformado em arma e apresentado no momento perfeito. Vamos fornecer todos esses bônus para " á-los" de qualquer maneira, mas isso aumenta a percepção do valor da nossa oferta ao adicionar esses bônus um por um.

Pontos-chave dos bônus

Dito isso, há algumas coisas importantes a serem lembradas ao oferecer bônus:

1) Sempre ofereça-os (você pode usar o pacote com marcadores que criamos no final da Seção III)

2) Dê a eles um nome especial que tenha um benefício no título

3) Diga a eles:

   a) Como eles se relacionam com o problema deles

   b) O que são

   c) Como você descobriu isso ou o que teve que fazer para criá-lo

   d) Como isso irá melhorar especificamente suas vidas ou tornar sua experiência melhor

      i) mais rápida, fácil ou com menos esforço/sacrifício (equação de valor)

4) Forneça alguma prova (pode ser uma estatística, um cliente anterior ou uma experiência pessoal) para comprovar que isso é valioso

5) Pinte uma imagem mental vívida de como será a vida deles, *supondo* que já tenham usado e estejam experimentando os benefícios

6) Sempre atribua um preço a eles e justifique-o

7) Ferramentas e listas de verificação são melhores do que treinamentos adicionais (já que o esforço e o tempo são menores com as primeiras, então o valor é maior. A equação de valor ainda reina suprema).

8) Cada um deles deve abordar uma preocupação/obstáculo específico na mente dos clientes em potencial sobre por que eles não podem ou não serão bem-sucedidos (o bônus deve provar que a crença deles está incorreta)

9) Isso também pode ser o que eles logicamente perceberiam que precisariam em seguida. Você quer resolver o próximo problema deles antes mesmo que eles o encontrem.

10) O valor dos bônus deve superar o valor da oferta principal. Psicologicamente, à medida que você continua a adicionar ofertas, a discrepância entre preço e valor continua a aumentar. Isso também comunica subconscientemente que a oferta principal *deve* ser valiosa, porque se esses são os bônus, o principal deve ser mais

valioso do que os bônus, certo? (Não, mas você pode usar esse viés psicológico para tornar sua oferta extremamente atraente).

11) Você pode aumentar ainda mais o valor dos seus bônus adicionando escassez e urgência aos próprios bônus (o que intensifica essa técnica).

    a)   <u>Bônus com escassez</u>

<u>Versão 1</u>: Somente as pessoas que se inscreverem no programa XZY terão acesso aos meus bônus nº 1, 2 e 3, que nunca estão à venda ou disponíveis em nenhum outro lugar além deste programa.

<u>Versão 2</u>: Tenho 3 ingressos restantes para o meu evento virtual de US$ 5.000. Se você comprar este programa, poderá obter um dos últimos 3 ingressos como bônus.

    b)   <u>Bônus com urgência</u>

<u>Versão 1</u>: Se você comprar hoje, adicionarei o bônus XYZ, que normalmente custa US$ 1.000, gratuitamente. E farei isso porque quero recompensar aqueles que agem.

    c)   Espero que você consiga perceber as diferenças sutis. Os dois primeiros exemplos não são limitados pelo tempo. Eles afirmam que, se você comprar o programa, receberá coisas que normalmente não receberia. O bônus com urgência diz respeito à compra *hoje*, e se você não comprar hoje, perderá esses bônus. É uma diferença pequena, mas vale a pena notar.

12) Você também pode transformar a garantia em um bônus. Exemplo: "Quero eliminar qualquer receio que você tenha em tomar a decisão hoje. Portanto, se você decidir seguir em frente hoje, também lhe darei uma garantia de 30 dias de devolução do dinheiro, o que normalmente não ofereço."

Bônus de nível avançado - Produtos e serviços de outras pessoas

Você pode fazer com que outras empresas lhe ofereçam seus serviços e produtos como parte de seus bônus em troca de exposição gratuita aos seus clientes. Isso é marketing gratuito para elas e produtos de alto valor para você, sem nenhum custo. As empresas farão isso porque você dará exposição gratuita ao negócio delas para os clientes em potencial da mais alta qualidade, os seus clientes. Contanto que não sejam concorrentes diretos, você pode ganhar alguns pontos, garantir algumas referências futuras e, ao mesmo tempo, tornar a sua oferta mais valiosa. Se você garantir um número suficiente dessas relações, poderá literalmente justificar todo o seu preço com a economia e os bônus adicionais que correspondem ao preço.

Por exemplo, se eu fosse dono de uma clínica contra dor, poderia pedir a um massoterapeuta para me dar uma ou duas massagens gratuitas para incorporar à minha oferta. Além disso, eu poderia conseguir:

…um quiroprático para me oferecer dois consultas gratuitas. (Valor: US$ 100)

…uma empresa de alimentos anti-inflamatórios para me dar descontos em seus produtos (economia de US$ 50)

…descontos em aparelhos ortodônticos e ortopédicos (economia de US$ 150)

…uma academia local na mesma rua para me oferecer uma sessão de treinamento pessoal gratuita e um mês gratuito de acesso à piscina (valor de US$ 100)

…descontos em medicamentos na farmácia local (economia de US$ 100/mês)

… repetir o acima exposto para vários prestadores de serviços (por exemplo, talvez eu consiga que dez quiropráticos me ofereçam um ajuste gratuito, agora tenho dez ajustes gratuitos no meu pacote.

…Etc.

Agora, se minha oferta fosse de US$ 400, o valor desses bônus gratuitos POR SI SÓ já seria superior a US$ 400.

Como se isso já não fosse incrível o suficiente, se você realmente quiser ser um jedi, negocie um desconto para grupos *e* uma comissão para você mesmo. Foi exatamente isso que fizemos com nossa empresa de suplementos. Nossos clientes proprietários de academias que usam a Prestige Labs são chamados de "atletas patrocinados". Eles recebem um desconto de 30% em nossos produtos para uso próprio. Além disso, quando vendem os produtos, recebem 40% de todas as vendas líquidas após o desconto aplicado.

Portanto, é uma situação em que todos ganham. Seus clientes obtêm os produtos por 30% menos do que em nosso site principal. Eles recebem uma comissão por oferecer descontos exclusivos. E nós ganhamos clientes em troca da comissão paga. Todos ganham.

Se você está acompanhando, cada um desses bônus pode se tornar uma fonte de receita para você indiretamente, fazendo com que os clientes digam SIM mais facilmente, e diretamente, porque você pode negociar que cada uma dessas empresas pode pagar você pelas pessoas que você indicar.

Digamos também que negociamos as seguintes "comissões de afiliado" por apresentar essas empresas:

… o quiroprático lhe dá US$ 100 por pessoa que vai ao consultório

…a empresa de alimentos lhe dá comida de graça (hum!)

…a empresa de ortopedia lhe dá US$ 100 por pessoa indicada

…a academia lhe dá uma assinatura gratuita OU US$ 50 por pessoa que se inscrever

…a farmácia lhe dá US$ 100 por pessoa

Agora vamos ver quanto dinheiro ganhamos… nossa oferta de US$ 400 agora tem a possibilidade de nos render US$ 350 extras… *lucro puro*! Essa é a beleza dessas relações. As outras empresas vão te pagar e você não precisa fazer *nada* além de indicar clientes que você já gastou dinheiro para adquirir.

E se você *realmente* quiser enlouquecer, crie uma oferta grandiosa com essas empresas parceiras usando os mesmos conceitos do livro, para que cada um dos bônus se torne ainda mais valioso do que um simples serviço comoditizado.

Brinde n° 8: BÔNUS… sobre… BÔNUS

Existem inúmeras maneiras de usar bônus em suas ofertas. Você pode fazer com que as pessoas ajam mais rapidamente. Você pode definir preços e produtos de referência (pouco conhecidos). Você pode fazer com que mais pessoas digam sim do que diriam normalmente. Se você quiser se aprofundar nesse assunto comigo, acesse Acquisition.com/training/offers e selecione **"Bonus Creation" (Criação de bônus)** para assistir a um breve tutorial em vídeo. Eu também tenho uma lista de verificação de bônus grátis que uso ao criar ofertas. Use-a para o seu próprio negócio, sem custos! Você também pode escanear o código QR se não quiser digitar.

Resumo

Queremos empregar bônus porque eles ampliam a discrepância entre preço e valor e levam as pessoas a comprar que, de outra forma, não comprariam. Eles aumentam enormemente a percepção dos clientes em potencial sobre o valor da nossa oferta. Então, aqui está o que fazer:

1) Crie listas de verificação, ferramentas, arquivos, scripts, modelos e qualquer outra coisa que levaria muito tempo e esforço para criar sozinho, mas que seja fácil de usar depois de criada. Qualquer coisa em que você possa investir uma vez, que claramente custa tempo ou dinheiro para criar, mas que pode ser distribuída infinitas vezes, é perfeita para um bônus.

2) Além disso, crie o hábito de gravar todos os workshops, webinars, eventos e entrevistas e use-os como bônus adicionais (conforme necessário para superar um obstáculo percebido).

3) Negocie proativamente descontos para grupos e uma comissão por indicação com empresas adjacentes que resolvam as necessidades que seu cliente terá como resultado de iniciar esse processo com você. Qual é a próxima coisa natural que eles podem querer? Vá até essas empresas, consiga um acordo para eles que eles nunca conseguiriam por conta própria (porque você está negociando com o poder de compra de todos os seus clientes de uma só vez, o que é muito poderoso).

Nota do autor: quanto mais tempo você estiver no negócio, mais desses ativos bônus terá à sua disposição. Todas essas coisas são valiosas. Coloque-as em um cofre e guarde-as no bolso para usar em uma oferta e fechar o negócio. Produtos de informação funcionam muito bem aqui porque têm alto valor percebido, baixo custo e zero esforço operacional, além de fornecerem um login adicional. Ingressos para experiências ou eventos virtuais também funcionam. O mesmo vale para um nível mais alto de serviço que tem um custo fixo, como oferecer a alguém um serviço VIP por um mês (o que também funciona como uma forma de vendê-lo para que as pessoas que entraram nesse nível de serviço, passem a pagar para se manter nele... mais sobre isso no Livro II).

O que deve ser um bônus e o que deve ser parte da oferta principal se sou eu quem a estou cumprindo?

Resposta curta: fator surpresa — em outras palavras — algo que você não gostaria que alguém perdesse. Muitas vezes, você tem tantas "coisas" para oferecer aos seus clientes (o que é bom) que os itens valiosos podem se perder no meio do caminho. Você deve pegar os itens mais distintos, que quase se destacam por si só, e destacá-los. Isso é especialmente verdadeiro para itens curtos, mas de alta qualidade ou valor. Listas de verificação ou infográficos podem condensar muitas informações em um espaço pequeno. Alguém pode não achar justificado pagar muito dinheiro por um mapa de lançamento de produto (por exemplo), mas como um bônus, isso seria considerado muito valioso.

Próximo passo...

Temos nossa oferta principal. Estamos apresentando-a de forma a aumentar a escassez e a urgência para aumentar a probabilidade de que as pessoas a queiram ainda mais. Acumulamos os bônus da nossa oferta para tornar a discrepância entre preço e valor fora do comum e impressionar nossos clientes em potencial. O próximo passo em nossa jornada mágica será abordar o grande elefante na sala… *o risco*. Vamos eliminá-lo completamente usando uma combinação de garantias para que eles não tenham motivos para não comprar.

Aprimorando a oferta: garantias

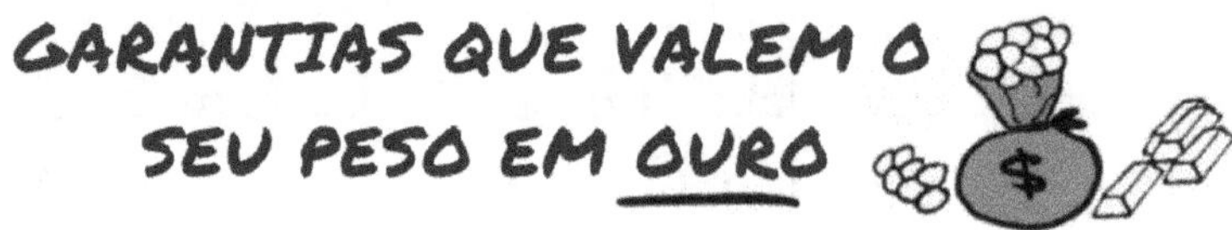

A maior objeção a qualquer produto ou serviço que está sendo vendido é… rufem os tambores… *o risco.* O risco de que ele não faça o que deveria fazer por eles. Portanto, reverter o risco é uma maneira imediata de tornar qualquer oferta mais atraente. Você vai querer dedicar uma quantidade desproporcional de tempo para descobrir como quer revertê-lo. Dito isso, o quanto uma garantia pode tornar uma oferta mais atraente?

Jason Fladlien, que mencionei anteriormente, afirmou uma vez que viu a conversão de uma oferta aumentar de 2 a 4 vezes simplesmente mudando a qualidade da garantia. É assim tão importante.

De uma perspectiva geral, existem quatro tipos de garantias:

1) Incondicional

2) Condicional

3) Antigarantia

4) Garantias implícitas.

Você deve *sempre* enfatizar sua garantia, mesmo que não tenha uma. Diga isso com ousadia e dê o motivo.

Mas as pessoas não vão se aproveitar de uma garantia absurda?

Às vezes, mas não normalmente. Dito isso, você deve entender a matemática. Se você fechar 130% mais vendas e sua porcentagem de reembolso *dobrar* de 5% para 10%, você ainda terá ganho 1,23x mais dinheiro, ou 23% a mais, e tudo isso vai para o resultado final.

Ex.: 100 vendas, 5 reembolsos (5%) = 95 vendas líquidas

Oferta de garantia 130 vendas, 13 reembolsos (10%) = 117 vendas líquidas

117/95 = 1,23x (aumento de 23%)

Não seja emocional, apenas faça as contas. Para que uma garantia *não* valha a pena, o aumento nas vendas teria que ser 100% compensado pelas pessoas que solicitaram reembolso. Portanto, um aumento absoluto nas vendas de 5% precisaria ser compensado por um aumento absoluto nos reembolsos de 5% (mas isso poderia significar uma duplicação dos reembolsos, o que é improvável). Portanto, na maioria das vezes, quanto mais forte for a garantia, maior será o aumento *líquido* nas compras totais, mesmo que a taxa de reembolso aumente junto com ela.

<u>Aviso</u>: embora as garantias possam ser eficazes para vender, as pessoas que compram por causa das garantias podem se tornar clientes muito ruins. Uma pessoa que só compra por causa de uma garantia é uma pessoa que pode não estar disposta a se esforçar o necessário para ter sucesso com seu produto ou serviço. Em um mundo em que você deseja reverter o risco *e* obter o melhor resultado possível para os clientes, vincular sua garantia às coisas que eles precisam fazer para ter sucesso pode ajudar todas as partes.

Dica profissional: Aviso sobre serviços de alto custo

Se você tem um custo enorme associado ao seu produto ou serviço, provavelmente vai querer empregar uma garantia condicional ou uma ANTI-garantia, pois terá que arcar com o custo do reembolso E o custo do cumprimento.

Tipos de garantias

"SE VOCÊ NÃO OBTER X RESULTADO EM Y PERÍODO DE TEMPO, NÓS FAREMOS..."

O que dá força a uma garantia é uma declaração condicional: se você não obtiver o resultado X no período Y, faremos Z.

Para dar *força a* uma garantia, você precisa decidir o que fará se eles *não* obtiverem o resultado. Sem a parte "ou o que" da garantia, ela soa fraca e diluída.

Observação: isso é o que a maioria dos profissionais de marketing faz.

Exemplo ruim: Nós garantimos que você terá 20 clientes.

Exemplo melhor: Você terá 20 clientes nos primeiros 30 dias, ou devolveremos seu dinheiro + o valor gasto em publicidade conosco. Esta é uma garantia simples, mas forte.

Aqui estão os quatro tipos de garantias. Vou analisá-las em teoria e, em seguida, vamos aplicá-las.

1) Garantias incondicionais

Como mencionei anteriormente, existem garantias incondicionais, condicionais e "anti-garantias". As incondicionais são as garantias mais fortes. Elas são basicamente um teste em que o cliente paga primeiro e depois decide se gosta ou não. Isso faz com que MUITO mais pessoas comprem, mas você terá algumas pessoas pedindo reembolso, especialmente porque a cultura do consumidor continua mudando para um senso de direito e zero responsabilidade.

2) Garantias condicionais

As garantias condicionais incluem "termos e condições" para a garantia. São aquelas em que você pode ser MUITO criativo. Em geral, você quer que elas sejam garantias "melhores do que o reembolso". Porque, se eles vão fazer um investimento, você quer corresponder psicologicamente ao investimento deles com um compromisso percebido igual ou superior. Elas também podem ter um efeito *muito* poderoso na obtenção de resultados para os clientes. Se você sabe quais são as ações-chave que alguém deve realizar para ter sucesso, inclua-as na garantia condicional. Em um mundo perfeito, 100% dos seus clientes se qualificariam para uma garantia condicional, mas teriam alcançado seus resultados e, portanto, não iriam querer utilizá-la. Esse é um ideal ao qual todos podemos aspirar. E, só para você saber, se tiverem a opção de receber um reembolso ou obter o resultado prometido, a grande maioria das pessoas escolherá o resultado.

3) Anti-garantias

Anti-garantias são quando você declara explicitamente que "todas as vendas são finais". Você vai querer assumir essa posição. Você deve apresentar uma "razão" criativa para as vendas serem finais. Normalmente, você vai querer mostrar uma exposição ou vulnerabilidade enorme da sua parte para que o consumidor possa entender imediatamente e pensar "Sim, isso faz sentido". Esses tipos de garantias são especialmente importantes com itens que são consumíveis ou que diminuem muito de valor depois de entregues.

4) Garantias implícitas

Garantias implícitas são qualquer oferta baseada em desempenho. Elas podem assumir diversas formas. Revshare, profitshare, triggers, ratchets, bônus monetários etc. são alguns exemplos. O conceito final é o mesmo: se eu não tiver um bom desempenho, não recebo meu pagamento. Uma particularidade dessa estrutura específica é conferir a vantagem de "Se eu fizer um ótimo trabalho, serei muito bem remunerado". Isso só funciona em situações em que há transparência para medir o resultado e confiança (ou controle) de que você será remunerado quando tiver um bom desempenho.

Acumulando garantias

Um vendedor experiente entende que, assim como os bônus, você pode *acumular* garantias. Por exemplo, você poderia oferecer uma garantia incondicional de 30 dias sem perguntas e, além disso, oferecer uma garantia condicional de 90 dias com triplo reembolso. Esse seria um exemplo de acumulação de uma garantia incondicional com uma garantia condicional.

Você também pode acumular duas garantias condicionais em torno de resultados diferentes (ou sequenciais). Por exemplo, você ganhará US$ 10.000 em 60 dias e US$ 30.000 em 90 dias, desde que faça as coisas 1, 2 e 3. Esse futuro leva o cliente em potencial a um resultado que agora ele acredita ser muito mais provável (já que você estará deliberadamente explicando isso em uma garantia condicional com um prazo para a realização). Fazer isso mostra ao cliente em potencial que você está comprometido em obter resultados e convencido de que ele alcançará o que deseja. Isso transfere o risco dele para nós… uma estratégia muito poderosa.

Vamos examinar alguns exemplos diferentes de garantias:

Garantia: Se você não alcançar X, em Y tempo, nós [insira a oferta]…

Garantia de reembolso [incondicional] "sem perguntas"

<u>O que o cliente recebe</u>: A) reembolso total, B) reembolso de 50%, C) reembolso dos gastos com publicidade e quaisquer custos adicionais incorridos, D) você paga por um programa da concorrência, E) você devolve o dinheiro mais US$ 1.000 adicionais (ou outro valor aplicável)

<u>Minha opinião</u>: isso é o mais simples possível. Também é muito arriscado. Você se coloca em uma situação em que, se alguém não alcançar os resultados, seja por sua culpa ou não, você ainda será responsabilizado. Obviamente, essa é uma garantia forte, mas pouco original. Você pode adicionar condições, mas quanto mais condições você adicionar, mais rápido essa garantia perderá sua força.

<u>Redação</u>: Ouvi Jason Fladlien, que mencionei anteriormente, apresentar sua garantia incondicional em um webinar e achei incrível. Estas são 100% as palavras dele, e não minhas. Não levo o crédito por isso, mas incluí para completar.

Não estou pedindo que você decida sim ou não hoje… Estou pedindo que você tome uma decisão totalmente informada, só isso. A única maneira de tomar uma decisão totalmente informada é por dentro, não por fora. Então, entre e veja se tudo o que dizemos neste webinar é verdadeiro e valioso para você. Se for, é aí que você decide ficar. Se não for para você, sem ressentimentos. Depois de se inscrever no URL, você poderá tomar uma decisão totalmente informada de que isso não é para você. Mas você não pode tomar essa decisão agora, pela mesma razão que você não compra uma casa sem primeiro ver o interior dela. E saiba disso… sejam 29 minutos ou 29 dias a partir de agora… se você não estiver feliz, eu não estarei feliz. Por qualquer motivo que seja, se você quiser seu dinheiro de volta, você pode obtê-lo, porque eu só quero ficar com seu dinheiro se você estiver feliz. Tudo o que você precisa fazer é acessar support@xyz.com e nos dizer "devolva meu dinheiro" e você o receberá em breve — nosso tempo médio de resposta a qualquer solicitação de suporte é de 61 minutos, 24 horas por dia, 7 dias por semana. Você só pode oferecer essa garantia quando tem certeza de que o que você tem é o verdadeiro negócio, e estou bastante confiante de que, ao se inscrever no URL, você receberá exatamente o que precisa para SE BENEFICIAR.

Dica profissional: dê um nome legal à sua garantia

Se você vai oferecer uma garantia, dê um toque especial a ela. Em vez de usar "satisfação" ou alguma outra palavra "genérica", descreva-a de forma mais forte.

<u>**Exemplo genérico**</u> (ruim): Garantia de satisfação com reembolso em 30 dias.

<u>**Exemplo de imagem criativa nº 1**</u> (bom): Em 30 dias, se você não mergulharia em águas infestadas de tubarões para recuperar nosso produto, devolveremos cada centavo que você pagou.

<u>**Exemplo de imagem criativa nº 2**</u> (ótimo): Você receberá nossa famosa "Garantia Club da Foca Bebê" após 30 dias de uso de nossos serviços. Se você não bateria em uma foca bebê para continuar sendo nosso cliente, não precisará pagar um centavo.

Garantia de reembolso baseada na satisfação [incondicional] (expandida a partir do texto acima):

<u>O que o cliente ganha</u>: se a qualquer momento ele não estiver satisfeito com o nível de serviço que está recebendo de você, ele pode solicitar um reembolso (a qualquer momento) pelo programa.

<u>Minha opinião</u>: acredite ou não, essa era a minha garantia quando eu vendia programas de perda de peso. Além de ser uma oferta irresistível, eu garantia a satisfação. Usei a força da minha garantia para fechar muitos negócios. "Você acha que eu ainda estaria no mercado se desse uma garantia maluca como essa e não fosse bom no que fazia? Agora, *não* estou garantindo que você vai atingir essa meta em seis semanas, afinal, não posso comer por você. Mas garanto que você receberá US$ 500 em valor e serviços da nossa parte para apoiá-lo. Se você achar que não oferecemos esse nível de serviço, vou lhe passar um cheque no dia em que você me disser que somos péssimos".

Funciona perfeitamente com um fechamento do melhor/pior cenário. "Na melhor das hipóteses, você consegue o corpo dos seus sonhos e nós lhe damos todo o seu dinheiro para continuar conosco e atingir sua meta de longo prazo. Na pior das hipóteses, você me diz que somos péssimos, eu lhe passo um cheque e você ganha seis semanas de treinamento gratuito. Ambas as opções são isentas de risco. Mas a única coisa que com certeza <u>*não*</u> vai te ajudar é sair daqui hoje". Se você é bom no que faz, pode usar uma garantia como essa para convencer muitas pessoas. Essa frase me rendeu muito dinheiro. Duas pessoas solicitaram garantias em 4.000 vendas em três anos e meio.

Satisfação/Sem perguntas é a forma mais elevada de garantia. Significa que podemos fazer tudo certo e você ainda assim pode pedir seu dinheiro de volta. Contanto que você saiba fazer as contas, normalmente compensará os reembolsos em espaços com fechamentos mais altos e mais rápidos no lado das vendas. *Mas você precisa ser bom em cumprir suas promessas.* Se não for, fique longe. Acredito que essa oferta funciona muito melhor em situações de menor valor. Ela se torna muito arriscada quando você entra em serviços de maior valor, com custos mais altos de cumprimento.

> ## Dica profissional: incondicional x condicional com base no tipo de negócio
>
> Garantias maiores e mais amplas funcionam melhor com negócios B2C de menor valor (muitas pessoas simplesmente não se dão ao trabalho de perder tempo). Quanto maior o valor e quanto mais orientado para os negócios, mais você deve se inclinar para garantias específicas. Isso pode ou não incluir reembolsos e pode ou não ter condições.

> ## Dica profissional: garantias como incentivo para o pré-pagamento
>
> Você não precisa garantir tudo o que vende. Em vez disso, você pode optar por garantir um plano de pagamento específico ou uma opção que deseja que alguém escolha. Dessa forma, uma garantia incentiva uma ação desejada. Deixe-me explicar.
>
> Imagine que você tem um serviço de algum tipo. Depois que a pessoa concordar em pagar, você pode perguntar: *"Você quer pagar menos ou receber todo o seu dinheiro de volta?"* Ela pedirá esclarecimentos. Então eu poderia responder: *"São US$ 4.000. Você pode pagar em quatro parcelas de US$ 1.000 ou pode pagar antecipadamente os US$ 4.000 e nós garantimos XYZ. As pessoas que se preparam são mais comprometidas e cumprem o que prometem, por isso gostamos de incentivar as pessoas a fazer isso com essa garantia".* Agora, as pessoas têm um motivo ainda maior para se prepararem para o serviço.

[Condicional] Garantia de reembolso acima do normal

<u>O que o cliente ganha</u>: o dobro ou o triplo do seu dinheiro de volta, ou um pagamento sem compromisso de X mil reais (ou outro valor muito superior ao que pagou).

<u>Minha opinião</u>: isso é para quando você vende algo com margens altas. E essa é uma garantia a ser adicionada *com* uma condição de consumo. Isso significa que eles devem fazer várias coisas para se qualificar para essa garantia. Um profissional de marketing afiliado de classe mundial, Jason Fladlien (que faturou US$ 27 milhões em um único dia), recentemente usou uma garantia incrível para um curso que vendeu. Ele disse: "se você comprar este curso e gastar US$ X em publicidade para sua loja de comércio eletrônico usando os métodos aqui apresentados e não ganhar dinheiro, eu comprarei sua loja por

US$ 25.000, sem fazer perguntas". Ele afirmou que US$ 3 milhões adicionais em vendas vieram dessa garantia maluca em um curso de US$ 2.997. Além disso, ele concedeu apenas 10 desses reembolsos de US$ 25.000. Portanto, o reembolso gerou US$ 2,75 milhões em vendas extras. É isso que uma garantia maluca faz por você.

Em geral, uma garantia muito forte como essa definitivamente impulsionará mais vendas. Isso realmente serve ao propósito quando você precisa que muitas coisas sejam feitas pelo seu cliente em potencial e, supondo que essas coisas sejam feitas, há uma baixa chance de o resultado não ser alcançado. Às vezes, uma garantia como essa pode realmente proporcionar melhores resultados aos clientes. Essa garantia normalmente supera uma garantia tradicional de 30 dias de devolução do dinheiro em termos de conversões líquidas (vendas menos reembolsos).

Garantia de serviço [condicional]

<u>O que o cliente ganha</u>: você continua trabalhando para ele gratuitamente até que X seja alcançado.

<u>Minha opinião</u>: Esta é provavelmente minha garantia favorita de todos os tempos. Ela basicamente garante que eles alcançarão seu objetivo, mas elimina o elemento tempo. Você nunca corre o risco de perder dinheiro. A garantia é em relação ao resultado. Para torná-la ainda mais interessante, você pode condicioná-la à realização de ações importantes relacionadas ao sucesso: criar uma página da web, atender chamadas, comparecer aos treinos, pesar-se, relatar dados, etc.

Conversa franca: desde que comecei a aconselhar empresas a usar essa garantia específica, ainda não vi ninguém dizer que um cliente a aceitou. Realisticamente, se alguém realmente fizer tudo o que você pediu e não alcançar o resultado no prazo que você estabeleceu, uma de duas coisas geralmente acontece:

1) Vendo o compromisso do seu cliente, você continua trabalhando com ele com prazer até que ele alcance o resultado desejado.

2) O cliente desiste. Provavelmente, ele está muito perto da meta, o que significa que está satisfeito. Além disso, é provável que a conversa de vendas com a garantia tenha ocorrido meses antes. O que pode ter sido importante na conversa de vendas agora é uma lembrança distante, substituída pelo carinho que ele tem por você/sua empresa.

[Condicional] Garantia de serviço modificada

<u>O que o cliente ganha</u>: você oferece a ele outro período Y de serviço ou acesso ao seu produto/serviço gratuitamente. Geralmente, Y deve oferecer a ele pelo menos o dobro da duração.

<u>Minha opinião</u>: isso é semelhante à garantia de serviço, mas vincula uma duração específica ao seu trabalho/envolvimento prolongado. Portanto, em vez de ficar comprometido "para sempre", você fica comprometido apenas por um período adicional de Y. Já vi isso funcionar de maneira mágica e manter a empresa comprometida por um período mais limitado, o que pode ser mais fácil para você começar antes de fazer a Garantia de Serviço "total" acima.

Garantia baseada em crédito [condicional]

<u>O que o cliente ganha</u>: você devolve o que ele pagou, mas em crédito para qualquer serviço que você oferece.

<u>Minha opinião</u>: isso é mais bem utilizado durante um processo de upsell para fechar o negócio em um serviço que eles não têm certeza se vão gostar. Eles já gostam do que têm, você está tentando vender *mais* de um e a isso. Na pior das hipóteses, eles podem aplicá-lo à coisa que já gostam. Assim, mantém-se a boa vontade com o cliente.

[Condicional] Garantia de serviço personalizado

<u>O que o cliente ganha</u>: você trabalha com ele individualmente, sem custos, até que ele alcance o objetivo ou resultado X.

<u>Minha opinião</u>: Esta é absolutamente uma das garantias mais fortes que existem. É como uma garantia de serviço com um toque especial. No entanto, você *definitivamente* vai querer adicionar condições: eles devem responder em 24 horas, devem usar os produtos que você indicar, devem fazer XYZ. Somente se fizerem isso, você continuará trabalhando com eles individualmente.

Isso é especialmente poderoso à medida que você cresce e se torna mais experiente como empresário. Você consegue imaginar um dos meus vendedores dizendo: "Alex trabalhará pessoalmente com você até que sua oferta seja convertida"? Certo. Funcionaria. Também seria um pesadelo. Então, eu provavelmente colocaria contingências como: "Desde que você já tenha gasto US$ 10.000 em sua oferta existente usando nossa estrutura, a oferta que você fez foi para geração de leads e era uma oferta gratuita". Essas são coisas que tornariam improvável que eles não tivessem sucesso. Se, por algum motivo, eles não *tivessem* cumprido essas estipulações, eu provavelmente poderia resolver o problema deles em dez minutos apenas olhando para ele.

[Condicional] Garantia de vantagens de hotel + passagem aérea

<u>O que o cliente ganha</u>: se você não receber valor, reembolsaremos seu produto *e seu* hotel + passagem aérea.

<u>Minha opinião</u>: tecnicamente, trata-se de um "reembolso de custos acessórios" do nosso primeiro exemplo. Eu adoro isso para workshops e experiências presenciais. Normalmente, o evento custaria mais do que o hotel e a passagem aérea, então é como adicionar US$ 1.000 extras a uma garantia, mas de forma muito mais tangível. É original o suficiente para que as pessoas gostem.

[Condicional] Garantia de pagamento de salário

<u>O que o cliente ganha</u>: você se oferece para pagar a taxa horária deles, seja ela qual for, se eles não considerarem sua ligação/sessão com eles valiosa.

<u>Minha opinião</u>: Esta também é uma garantia de custos acessórios, mas muito original. Se alguém realmente solicitar o pagamento do salário, basta pedir a declaração de imposto de renda e dividir por 1.960 (número de horas trabalhadas a 40 horas/semana durante um ano). Mas ninguém que solicite um reembolso fará isso, então você nunca terá que pagar nada. Nunca.

[Condicional] Liberação da garantia de serviço

<u>O que o cliente ganha</u>: você libera o cliente do contrato sem custos.

<u>Minha opinião</u>: Isso anula um compromisso ou taxa de cancelamento. Se você tem um negócio que possui compromissos, contratos ou cláusulas executáveis, essa pode ser uma garantia poderosa. Melhor ainda, se você está em um negócio que não executa seus contratos, então você não tem nada a perder ao adicionar a garantia.

[Condicional] Garantia de segundo pagamento atrasado

<u>O que o cliente ganha</u>: você não cobrará novamente até *que* ele alcance ou obtenha seu primeiro resultado. Ex: Perca seus primeiros cinco quilos... faça sua primeira venda... coloque seu site no ar, etc.

Minha opinião: gosto muito disso, especialmente se você tiver um processo muito sistematizado para obter o primeiro resultado. Isso faz com que o cliente em potencial pense em termos de ação rápida e o motive a agir. Também fará com que sua equipe se concentre em ativar o cliente. Isso é ótimo quando você sabe qual métrica ou ação impulsiona a ativação (indicador de previsão de retenção de longo prazo) de um cliente. Já usei essa garantia com sucesso várias vezes.

[Condicional] Garantia do primeiro resultado

O que o cliente ganha: você continua a pagar os custos acessórios (gastos com publicidade, hotel, etc.) até que eles alcancem o primeiro resultado. Exemplo: se você não fizer sua primeira venda em 14 dias, pagaremos seus gastos com publicidade até que você faça.

Minha opinião: assim como o segundo pagamento atrasado, apenas centrado em um custo diferente. Pessoalmente, gosto muito dessa configuração. Ela mantém todos focados em obter o primeiro dólar. Depois que isso acontece, o segundo vem logo em seguida.

[Anti-garantia] Todas as vendas são definitivas

O que o cliente ganha: Acesso a um serviço/produto super exclusivo e muito valioso. Provavelmente, trata-se de algo muito poderoso que, uma vez visto, não pode ser ignorado, ou, uma vez usado, não pode ser retirado . Exemplo: uma linha de código para melhorar sua experiência de checkout em um site. Depois que alguém recebe esse código, pode tentar usá-lo sem pagar por ele. Ou uma série de mensagens de abertura para paquerar garotas ou frases iniciais para enviar mensagens a clientes em potencial. Coisas que são muito valiosas, mas incrivelmente fáceis de roubar depois de serem vistas/compreendidas.

Minha opinião: isso pode aumentar a persuasão da venda e o valor do produto ou serviço. Essencialmente, isso *implica* que o cliente vai usá-lo e ver um benefício imenso, expondo assim o negócio à vulnerabilidade. Funciona como uma admissão prejudicial. Temos uma política de "todas as vendas são finais", *mas* isso é porque nosso produto é tão exclusivo e tão poderoso que, uma vez usado, não pode ser desusado. Como é tão comum ter algum tipo de garantia, não ter uma é digno de atenção.

Portanto, em vez de ser indeciso, baseie-se no fato de que isso funciona muito bem e é tão fácil de copiar que você *deve* tornar todas as vendas definitivas. Eles acreditarão ainda mais em você se você assumir essa posição. "Vamos mostrar nosso processo próprio que estamos usando agora para gerar leads em nosso negócio. Nossos funis, anúncios e métricas. Vamos expor o funcionamento interno do nosso negócio e, como resultado, todas as vendas serão definitivas." Observação: é necessário ter um motivo forte para isso. Basta inventar um que pareça convincente. Quanto mais você puder mostrar exposição *real*, mais eficaz isso será.

As anti-garantias também podem funcionar muito bem com produtos e serviços de alto valor que exigem muito trabalho ou personalização. "Se você é o tipo de cliente que precisa de uma garantia antes de dar um salto, então você não é o tipo de pessoa com quem queremos trabalhar. Queremos pessoas motivadas e proativas, que sigam instruções e não procurem uma saída antes mesmo de começar. Se você não está falando sério, não compre. Mas se estiver, você vai ganhar muito dinheiro." A partir desses exemplos, você deve ter entendido a ideia.

Garantias implícitas: modelos de desempenho, participação nos lucros e divisão de receitas

Desempenho: A) …Pague-me apenas \$XXX por venda/ \$XXX por show B) \$XX por quilo perdido

Participação nos lucros: A) 10% da receita bruta B) 20% de participação nos lucros C) 25% do crescimento da receita em relação à linha de base

Participação nos lucros: A) X% do lucro B) X% do lucro bruto

Ratchets: 10% se acima de X, 20% se acima de Y, 30% se acima de Z

Bônus/gatilhos: recebo X quando Y ocorre.

<u>O que o cliente recebe</u>: Se você não tiver um bom desempenho, eles não precisam pagar. Se você tiver um bom desempenho, sua remuneração será determinada com base em um acordo decidido *antes de* você começar a trabalhar.

<u>Minha opinião</u>: Desempenho, participação nos lucros e participação nos resultados não são garantias "per se", mas, para todos os efeitos, são. Há uma garantia implícita sempre que você entra em uma parceria de participação nos lucros ou desempenho: se você não ganhar dinheiro, não precisa me pagar. Na minha opinião, essa é uma das configurações mais desejáveis, se não a mais desejável. Primeiro, porque faz com que você se responsabilize pelos resultados dos seus clientes. Segundo, porque elimina os profissionais com baixo desempenho. O alinhamento perfeito entre o cliente e o prestador de serviços promove a colaboração e um relacionamento de longo prazo. Sou um grande fã. As desvantagens são o acompanhamento e a cobrança. Portanto, se você conseguir encontrar uma maneira de contornar isso… você encontrou uma mina de ouro. Isso faz parte da oferta que ensinamos às nossas agências que utilizam nosso software. Nós as ajudamos a mudar de um modelo

de retenção para um modelo de desempenho e incluímos isso na Oferta Grand Slam que mencionei anteriormente. Já vi inúmeras agências passarem de US$ 20 mil/mês para US$ 200 mil+/mês em questão de poucos meses.

Você também pode combinar uma configuração de revshare ou desempenho com um mínimo. Seria como dizer "recebemos o maior valor entre US$ 1.000 ou 10% da receita gerada". Portanto, se o cliente não gerar dinheiro por qualquer motivo, isso pelo menos cobre seus custos de serviços etc. Ou dizer que recebemos US$ 1.000/mês nos primeiros 3 meses e, depois disso, muda para 100% de desempenho. Isso seria ideal para uma configuração que leva muito tempo para funcionar.

Esses tipos de ofertas funcionam bem quando você tem resultados quantificáveis. O mais forte, é claro, é não garantir pagamento sem desempenho.

Crie sua própria garantia vencedora

Reverter o risco é a principal maneira de aumentar a conversão de uma oferta. Profissionais de marketing experientes dedicam tanto tempo à elaboração de suas garantias quanto aos próprios resultados. É muito importante.

Eu pessoalmente usei todas as garantias listadas acima (exceto a do hotel e da ligação telefônica, que acabei de ver e gostei). Mas você pode criar a sua própria! O segredo é identificar os maiores medos, dores e obstáculos percebidos pelo cliente. "O que eles *não* querem que aconteça se pagarem a você? Do que eles têm mais medo?" Transforme os medos deles em uma garantia. Pense no tempo, na emoção e nos custos externos associados a qualquer programa ou serviço. Quanto mais específica e criativa for a garantia, melhor.

Dito isso, as garantias são potenciadores. Elas podem aumentar o magnetismo ou a atração de qualquer oferta, mas não podem fazer um negócio. Se uma garantia for usada para encobrir uma equipe de vendas ruim ou um produto ruim, ela terá o efeito contrário e resultará em muitos reembolsos. Não é bom.

Meu conselho: comece a vender garantias baseadas em serviços ou a estabelecer parcerias de desempenho. Isso tornará todas as vendas definitivas (portanto, sem medo de reembolsos). Mais importante ainda, isso o comprometerá com os resultados dos seus clientes e o manterá honesto. A partir daí, mantenha essa garantia e amplie (perfeitamente aceitável) ou suba na cadeia alimentar para garantias menos restritivas para aumentar o volume.

Agora temos uma oferta principal construída e garantias escolhidas.

Próximo passo...

Agora, tudo o que precisamos fazer é dar um toque final dando um nome a essa oferta. Nomear uma oferta corretamente determina o quão bem sua publicidade converte, o tamanho da resposta que você obtém de e-mails/ligações não solicitadas/mensagens de texto e quantas respostas você recebe de comentários orgânicos.

Isso é importante.

Dito isso, vou mostrar como gerar nomes ilimitados ou "papel de embrulho" para sua oferta. Dessa forma, ela nunca se desgasta, não importa quão pequeno seja o seu mercado. Essa é a chave para a geração de leads duradoura.

Brinde nº 9 BÔNUS: Crie uma garantia vencedora comigo

As garantias podem fazer o sucesso ou o fracasso dos negócios. Elas são como dinamite: podem ser incrivelmente poderosas nas mãos de um especialista. Acesse Acquisition.com/training/offers e selecione **"Criando garantias"** para assistir a um breve tutorial em vídeo e começar a usar isso em seu negócio para aumentar as vendas o mais rápido possível. Também criei uma lista de verificação de garantias gratuita para você usar ao pensar em todas as variáveis. Você também pode escanear o código QR se não gostar de digitar. Como sempre, é totalmente gratuito. Aproveite.

Aprimorando a oferta: nomeando

Efeito do egoísmo implícito: geralmente somos atraídos pelas coisas e pessoas que mais se assemelham a nós.

FÓRMULA DO NOME M-Á-G-I-C-O

Assim como a árvore que cai na floresta e ninguém ouve, ter uma oferta Grand Slam não vai lhe render dinheiro se ninguém souber dela. O objetivo deve ser que, ao saber da sua oferta, seus clientes em potencial ideais fiquem interessados o suficiente para agir. Dar um nome adequado é parte integrante desse processo.

Aqui está um exemplo. Digamos que você veja um "Desafio gratuito de seis semanas para liberar o estresse" e uma "Sessões no centro de flutuação". Embora possam ser a mesma coisa, apenas com nomes diferentes, é muito mais provável que você responda ao primeiro.

Agora vem o problema: com o tempo, as ofertas se desgastam. E nos mercados locais, elas se desgastam ainda mais rápido. Por quê? Em um mercado local, custa relativamente pouco para alcançar toda a população. Na maioria das plataformas, você pode alcançar 1.000 pessoas por cerca de US$ 20. Portanto, se houver 200.000 pessoas em sua área de cobertura, custaria apenas US$ 10.000 para alcançar todas elas uma vez.

Aviso importante: alcançar um público uma vez *não* significa, *de forma alguma,* que uma oferta esteja esgotada. A maioria das pessoas nem sequer repara numa oferta à primeira menção. É por isso que precisamos criar novos conteúdos criativos (vídeos, imagens) e novos ganchos, histórias e textos em torno das mesmas ofertas. Pode continuar a usar as ofertas durante muito tempo. Mas quando falamos de *anos* de utilização, e não de meses, as ofertas podem acabar por se esgotar.

Com o tempo, você pode renomear a oferta para renová-la. Esse conceito lhe renderá leads para sempre. É sério. Portanto, preste atenção. *Não* estamos mudando a oferta em si. Estamos apenas mudando o *papel de embrulho.*

Se você montou uma oferta combinada, no final das contas continuará fazendo as mesmas coisas. O trabalho que você realiza, os serviços que presta e os produtos que oferece permanecerão inalterados, apenas o nome mudará. Mais uma vez, estamos simplesmente mudando a embalagem.

Esta é a fórmula mais simples que criei para esse processo:

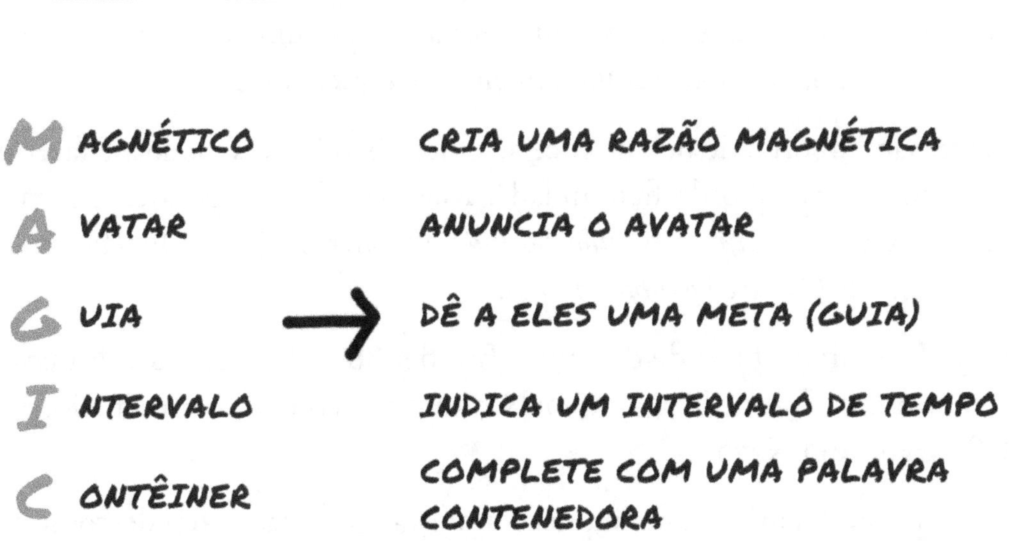

Observação importante: nem todos esses componentes são obrigatórios. Normalmente, você usará de três a cinco deles ao nomear um programa ou serviço. Se conseguir encaixar todos, ótimo, mas é provável que o nome fique muito longo.

Quanto mais curto e impactante, melhor. Portanto, é uma questão de equilíbrio entre concisão e especificidade. A única maneira de saber realmente o que funciona é escrever os nomes e testá-los.

Vamos examinar os componentes agora.

Nota do autor: Teoria de marketing

Se você gosta de entender os conceitos por trás da fórmula M-A-G-I-C que escolhi. Cada um deles pode ser traduzido aproximadamente como: Atenção (M-Ímã), Discriminação (A-Avatar), Propósito (G-Meta), Linha do tempo (I-Intervalo) e Método (C-Recipiente).

Crie um "motivo" magnético

Começamos o nome com uma palavra ou frase que diga às pessoas a "razão" pela qual estamos realizando nossa promoção.

Gosto de dizer às pessoas para pensarem como um organizador de festas de fraternidade. Quando eu estava na faculdade, fizemos uma festa porque um cara tirou o siso. Digo isso para dizer que… o "motivo" pode ser literalmente qualquer coisa.

Realmente não importa, desde que você acredite nisso. E você pode até fazer uma piada sobre isso, como no exemplo da fraternidade. Mas isso deve responder a uma ou ambas as seguintes perguntas: *Por que eles estão fazendo essa ótima oferta?* Ou *Por que eu deveria responder a essa oferta?/O que eu ganho com isso?*

<u>Exemplos</u>: Grátis, 88% de desconto, Brinde; 88% de desconto, Primavera, Verão, Volta às Aulas; Grande Inauguração; Nova Administração; Novo Prédio; Aniversário; Halloween; Ano Novo.

<u>Observação</u>: discutirei como monetizar ofertas gratuitas e com desconto no Volume III: Modelos Monetários.

Anuncie seu avatar

Este componente destaca seu avatar ideal: quem você está procurando e quem você não está procurando como cliente. Você deve ser o mais específico possível, mas sem exageros. Quando estiver em uma área local, quanto mais localizada for sua manchete, maior será a conversão. Portanto, não mencione uma cidade, tente ir para o submercado ou área hiperlocal. Não Baltimore, mas Towson, MD. Não Chicago, mas Hinsdale, etc.

Exemplos: dentistas de Bee Cave, mães de Rolling Hills, empresas físicas, proprietários de salões de beleza, atletas aposentados, executivos ocupados do Brooklyn

Dê a eles uma meta

É aqui que você articula o resultado dos sonhos do seu cliente em potencial. Pode ser uma única palavra ou uma frase. Pode ser um evento, um sentimento, uma experiência ou um resultado, qualquer coisa que os entusiasme. Quanto mais específico e tangível, melhor.

Exemplos: sem dor, sorriso de celebridade, primeiro lugar, nunca ficar sem fôlego, produto perfeito, oferta grand slam, vestidinho preto, dobre seu lucro, primeiro cliente, alto valor, 7 dígitos, 100 mil, etc.

Indique um intervalo de tempo

Você está apenas informando às pessoas a duração esperada. Isso dá um exemplo de quanto tempo levará para alcançar seus resultados.

Observação: se você estiver fazendo qualquer tipo de afirmação quantificável (como ganho de renda ou perda de peso), a maioria das plataformas *não* aprovará esse tipo de mensagem *com* uma duração declarada para a conquista, pois isso implica uma garantia. Isso implica que eles obterão esse resultado em um determinado período, o que vai contra muitas regras da plataforma. Portanto, não forneça um resultado quantificável com a duração, a menos que sua plataforma permita. Dito isso, a duração é um componente poderoso de uma oferta Grand Slam e você definitivamente deve usá-la em qualquer lugar onde não precise lidar com conformidade. Alternativamente, se a meta com a qual você os ajuda não for uma "afirmação" em si, então use absolutamente um intervalo de tempo. "R$ 10.000 em 10 dias" vs "Faça sua primeira venda em 10 dias".

Exemplos: AA minutos, BB horas, CC dias, DD semanas, Z meses. "4 horas" "21 dias" "6 semanas" "3 meses"

Complete com uma palavra-contenedor

A palavra-contenedor denota que esta oferta é um pacote de várias coisas juntas. É um sistema. É algo que não pode ser comparado a uma alternativa comoditizada.

<u>Exemplos:</u> Desafio, Plano, Bootcamp, Intensivo, Incubadora, Masterclass, Programa, Desintoxicação, Experiência, Cúpula, Acelerador, Fast Track, Atalho, Sprint, Lançamento, Slingshot, Catapulta, Explosão, Sistema, Fuga, Encontro, Transformação, Mastermind, Lançamento, Plano de Jogo, Mergulho Profundo, Workshop, Retorno, Renascimento, Ataque, Assalto, Reinicialização, Solução, Hack, Cheatcode, Decolagem, etc.

Dica profissional: encontre tempo para rimar

Boas rimas ficam na cabeça das pessoas. Faça rimas com o nome do seu programa para ganhar o jogo.

Pesquise "dicionário de rimas" no Google para obter um atalho fácil. Observação: não tente forçar. Não é um requisito, é apenas algo "bom de se ter".

Ex: Barriga de Aço no Pedaço, Escreva e Publique em Pique, Casamento Vivo: Mergulho Intuitivo, Doze Semanas: Tacada Sem Drama, 2 Meses, Fim dos Pesos, Bumbum de Fama em Cama, Curso do Bumbum em Boom (achei engraçado), etc. Você entendeu a ideia.

Dica profissional: aliteração

Aliteração é quando você faz com que todas (ou a maioria) das palavras comecem com a mesma letra ou som.

Uma abordagem alternativa à rima é usar aliteração ao nomear seu programa. Isso é mais fácil para a maioria das pessoas do que rimar. Novamente, você não precisa rimar ou usar aliteração. Não force.

Ex: Masterclass Ganhe Grana, Desafio Desperta, Descobre, Desenvolve, Bootcamp Bumbum Blindado, Desintoxicação de Dívidas, Renove, Reinvista, Recomece, Coach Cresce com Clareza, etc.

Talvez eu seja estranho, mas nomear ofertas é uma das minhas partes favoritas desse processo. O que quero destacar, mais uma vez, é que seu modelo financeiro, preços e serviços permanecerão praticamente inalterados. Mudar a embalagem significa simplesmente mudar a percepção externa do que é sua oferta Grand Slam.

Abaixo, você encontrará alguns exemplos de ofertas nomeadas para diferentes setores.

Bem-estar

— Desafio Lean-By-Halloween de seis semanas gratuito

— 88% de desconto no plano de 12 semanas para ficar em forma para o verão

— Transformação gratuita de 21 dias para mamães

— Sistema capilar de 60 minutos para deixar suas amigas com inveja

— Desafio de seis semanas para liberar o estresse

— (Gratuito!) Curve-se sem dor em 42 dias… Caminho rápido para a cura

Médicos

— Desconto de US$ 2.000 na transformação do sorriso das celebridades

— Mães de Lakeway - US$ 1.500 de desconto no aparelho ortodôntico dos seus filhos

— Mães de Lakeway - 12 meses para um sorriso perfeito (US$ 1.000 de desconto para 15 famílias)

— De volta às aulas: sorteio de aparelhos ortodônticos gratuitos

— Grande inauguração: raio-X e tratamento gratuitos - alívio imediato

— Chega de dores nas costas! Tratamento intensivo de cura rápida em 90 dias (81% de desconto!)

— Tensão muscular? Massagem por US$ 1 Oferta especial de verão para novos clientes

Coaching

— Plano para 5 clientes em 5 dias

— Agência 7F Intensivo de 12 semanas

— 14 dias para encontrar o seu produto perfeito

— Encha sua academia em 30 dias (grátis!)

Eu poderia continuar listando esses exemplos, mas espero que você tenha entendido a ideia. Agora é hora de você experimentar a sua oferta Grand Slam.

Novamente, você não precisa necessariamente usar todos os componentes poderosos do título. Usar de três a cinco normalmente criará algo mais exclusivo e desejável, permitindo que você se destaque da concorrência e crie uma oferta que receberá cliques e engajamento e, por fim, gerará lucro.

Além disso, você não precisa fazer isso na ordem M-A-G-I-C. Faça o que parecer mais impactante para você. Depois de fazer isso por um tempo, você verá que algumas ofertas convertem melhor do que outras. Isso é natural. E, de vez em quando, você terá um nome que decolará como um foguete. Sinceramente, não tenho ideia do porquê alguns nomes vencem e outros não. Portanto, não se deixe levar pelas emoções. Continue tentando. Continue tentando. Depois, tente mais. Você chegará lá.

Agora que você tem vários nomes que funcionam para sua oferta, pode usar dois ou três dos melhores nomes em sua campanha publicitária. Anote rapidamente o vencedor e use-o como controle para testar novos nomes. É assim que você promove.

Dica profissional - Nomeie sub itens e bônus

Use a fórmula mágica do título para cada item da sua pilha e pacote. Isso aumentará automaticamente o valor das suas ofertas, simplesmente nomeando-as de uma forma que ressoe entre seus clientes em potencial.

O que acontece quando as ofertas se tornam enfadonhas

À medida que você comercializa ofertas, precisará criar variações ao longo do tempo, pois os gostos do mercado mudam com o tempo. Aqui está a ordem em que você deve fazer as mudanças para manter o fluxo de leads consistente.

1) Altere o criativo (as imagens e fotos em seus anúncios)

2) Altere o texto do corpo dos seus anúncios

3) Altere o título - a "embalagem" da sua oferta

    a) Desafio Lean de 6 semanas grátis para Desafio Tone de 6 semanas grátis

    b) Ressaca de fim de ano para Ano novo, vida nova

4) Altere a duração da sua oferta

5) Altere o reforço da sua oferta (o componente gratuito/desconto)

6) Mude a estrutura de monetização, a série de ofertas que você oferece aos clientes em potencial e os preços associados a elas (Livro II)

Eu sigo essa estrutura de variação porque, na maioria das vezes, são os primeiros itens que precisam ser alterados. Normalmente, eles precisam ser alterados repetidamente, sem mexer em nada na parte inferior da lista.

Por exemplo, quando os anúncios se tornam cansativos, não mudamos todo o nosso negócio; apenas exibimos o mesmo anúncio novamente com um vídeo ou imagem diferente. Quando isso deixa de funcionar, mudamos novamente. Eventualmente, você precisará alterar as palavras dos seus anúncios. E repetir o processo. Só então você mudaria a embalagem.

Digamos que mudamos de um Desafio de Liberação do Estresse de Seis Semanas para um Desafio de Férias Relaxantes de 42 Dias para um centro de massagens. A oferta principal é a mesma, apenas a embalagem é diferente. Então, é claro, você poderia mudar a duração da sua oferta — de seis semanas para 28 dias ou oito semanas e , etc. Quanto mais você desce na lista, mais pesado fica operacionalmente, então certifique-se de ter esgotado as maneiras "mais leves" de variar sua oferta.

Depois de monetizar uma oferta, raramente você deve alterá-la. Basta repetir várias e várias vezes. Isso pode ser difícil porque somos empreendedores e *adoramos* mudanças. Aqui, as mudanças geralmente só criam ineficiência e atrasos operacionais, custando-lhe dinheiro. Não é bom.

Portanto, use seu ADD empreendedor primeiro na "embalagem" — a "aparência" da oferta (texto, criatividade, títulos). Em seguida, mude a sazonalidade da oferta. Depois, mude a duração. Se você ainda estiver empacado, mude o que está oferecendo de graça ou com desconto. Mude toda a máquina por trás disso *apenas* como último recurso e por um motivo muito bom, especialmente depois de ganhar tração.

Mas como você consegue tração inicial? Boa pergunta. Experimente a estrutura da oferta e o título que você acha que tem maior probabilidade de funcionar. Em seguida, mantenha-os.

E se não houver conversão no início, não se preocupe. Você vai melhorar. Muitas vezes, se você estiver usando esses tipos de modelos, *muitos* deles funcionarão. Nesse caso, mantenha aquele que lhe dá o maior retorno. Você também pode alternar entre as ofertas, se isso não criar muito atrito operacional para o seu tipo de negócio. Essa é a posição de poder definitiva. Você tem vários "trunfos na manga" que pode usar a qualquer momento, o que mantém seu marketing convertendo em um nível ainda mais alto.

Nota do autor - Marketing de empresas locais

Ironicamente, o marketing de empresas locais é mais fácil e mais difícil do que o marketing em nível nacional. É mais fácil começar a trabalhar, mas mais difícil continuar trabalhando ou expandir. E a razão é que, nos mercados locais, é mais fácil porque há confiança no que é familiar. Portanto, vender pessoalmente a preços mais altos em um mercado local é inerentemente mais fácil. Isso significa que você converterá uma porcentagem muito maior de seus leads. Isso faz com que o marketing funcione na maioria das vezes.

A desvantagem do marketing local é que as ofertas se esgotam rapidamente, pois há um raio limitado que uma empresa local pode atender. Para fazer referência a um conceito anterior, o TAM (mercado total endereçável) para uma loja física é apenas seu raio imediato (na maioria das vezes). Portanto, por extensão, quanto menor o raio, mais rápido as ofertas se esgotam. Essa é a faca de dois gumes do mercado local.

Aprender a variar rapidamente minhas ofertas, títulos e criatividade quando eu tinha meus negócios locais foi uma habilidade fundamental que tornou minha expansão para a publicidade em nível nacional muito mais fácil para mim. Portanto, se você está em um mercado local, lembre-se de que não vai mudar o valor agregado da sua oferta. Você apenas vai mudar a forma como ela é vista no mercado em seu marketing.

Resumo da nomenclatura

Devemos nomear adequadamente nossa oferta para atrair o avatar certo para o nosso negócio. Fiel ao ditado, as pessoas julgam um livro pela capa. Nomear seu produto ou oferta de forma inadequada pode arruinar as conversões. Não seja vítima de nomes preguiçosos. Siga as etapas aqui para nomear seu produto ou serviço e veja a mesma oferta obter 2x, 3x ou 10x mais taxa de resposta. Você acreditará quando vir — eu acreditei.

Recapitulando como melhorar sua oferta

Parabéns! Você descobriu como tornar sua oferta valiosa, como dividir seus serviços em partes componentes e como reagrupá-los em um todo mais valioso.

Você adicionou uma garantia para que mais pessoas comprem sua oferta e realmente a consumam, para que possam ter mais sucesso.

Você a apresentou com urgência e escassez para fazer com que mais pessoas a desejassem.

E agora você nomeou sua oferta para atrair os clientes em potencial certos e repelir os ruins, ao mesmo tempo em que contém uma grande promessa que todos podem entender.

Mas cobrimos muitos assuntos, então quero dar a você um breve descanso antes de entrarmos no Livro II para ajudá-lo a atrair clientes e monetizar sua oferta.

Brinde nº 10 BÔNUS: Crie o nome perfeito para o seu produto

Nomear seu produto corretamente ajuda seu avatar a saber que o produto é para ele, que é valioso e que resolverá seus problemas. Se você quiser fazer isso ao vivo comigo, acesse Acquisition.com/training/offers e selecione **"Naming Products" (Nomeando produtos)** para assistir a um breve tutorial em vídeo e começar a usar isso em seu negócio para aumentar suas vendas o mais rápido possível. Também criei uma lista de verificação gratuita com fórmulas para nomear produtos para você usar e reutilizar com sua equipe. Ela também funciona para nomear promoções. Você também pode escanear o código QR se não quiser digitar. Como sempre, é totalmente gratuito. Aproveite.

SEÇÃO V
EXECUÇÃO

Como fazer isso acontecer na vida real

Seus primeiros $100.000

*"Os primeiros $100.000 são difíceis, mas você precisa conseguir. Não importa
o que você tenha que fazer — mesmo que seja andar para todos os lugares
e não comer nada que não tenha sido comprado com cupom, encontre uma
maneira de conseguir $100.000. Depois disso, você pode relaxar um pouco."*
– Charlie Munger, vice-presidente da Berkshire Hathaway

Março de 2017.

Meu coração estava acelerado. Eu podia literalmente sentir cada batida no meu peito. Cerrei os dentes para afastar o nó na garganta que eu sabia que levaria às lágrimas. Eu queria desistir. Anos de emoções estavam reprimidos sob a superfície. Anos ignorando minha realidade e falta de sucesso. Anos adiando meus sentimentos, focando apenas em *seguir em frente*. A pressão estava chegando à superfície. Eu podia *sentir* isso.

"Conseguimos", eu disse.

Leila, minha esposa agora, olhou para mim. Ela estava na cozinha preparando o jantar e parou, com a espátula na mão. "O que você quer dizer?"

"Conseguimos. Chegamos a US$ 100 mil." Mal consegui dizer as palavras, porque não queria que as lágrimas transparecessem no tremor da minha voz.

"Como receita?"

"Não. Como em nossas contas bancárias pessoais."

"Nossa, sério?! Isso é incrível!!"

Ela correu até mim, ignorando a comida no fogão, e me abraçou, ainda com a espátula na mão.

"Estou tão orgulhosa de você."

Ela me apertou. Eu me deixei cair em seus braços. Foi como se todos os nós em meu corpo que eu vinha segurando se dissolvessem de uma vez. Mal conseguia me conter. Mas, quando penso nisso, o sentimento que tive não foi felicidade. Foi alívio. Eu tinha passado do medo para a segurança. Troquei a sensação de fracasso diário, vendo meu trabalho e esforço não renderem nada, pela realização de um sonho. A ansiedade e o medo constantes de "o que vamos fazer" *finalmente* foram substituídos por outra coisa. Finalmente tive tempo para me permitir sentir algo.

Senti que esse capítulo de "luta" da vida finalmente havia acabado.

"Olha", eu disse. "É real."

Tirei a cabeça dos braços de Leila. Não queria olhar nos olhos dela porque sabia que isso me deixaria emocionado. Peguei meu celular e o coloquei entre nós. Nós dois ficamos olhando para a tela imóvel com o saldo de nossas contas bancárias pessoais.

101.018 dólares

Nossos olhares permaneceram fixos enquanto confirmavam uma nova realidade compartilhada. Não era uma ilusão. Não era receita. Não era "lucro" que ainda estava na conta da empresa, apenas para ser retirado mais tarde por alguma emergência imprevista. Não era dinheiro "reservado" que tinha que ser usado para pagar alguma dívida. Era *nosso*. De verdade.

"Querida", eu disse. "Podemos estragar tudo e não ganhar mais nenhum dólar por três anos seguidos e ainda assim ficar bem."

Na época, US$ 33.000 por ano era mais do que suficiente para vivermos com nossas despesas atuais por três anos *e pouco mais*.

Anos de altos e baixos. Anos investindo dinheiro nos meus negócios, apenas para vê-lo desaparecer em despesas gerais, folha de pagamento e erros. Anos de seminários, cursos, workshops, programas de coaching, mentores… finalmente se transformaram em riqueza. Parecia que eu havia entrado em um novo patamar. O aumento relativo na riqueza foi maior do que eu jamais senti.

Com dezenas de milhões de dólares no banco, era, e ainda é, a maior riqueza que já senti na minha vida. Foi o início do próximo capítulo da minha vida como empresário e empreendedor.

Algumas pessoas chegam lá rapidamente. Outras chegam lá lentamente. Mas todos chegam lá eventualmente, desde que não desistam. Continue avançando. Continue se levantando. Continue acreditando que isso pode acontecer.

E vai acontecer.

Em resumo

Cobrimos muitos assuntos. E acho importante que as informações sejam assimiladas, consolidadas e reafirmadas. Portanto, esta é uma lista resumida para sintetizar o que aprendemos até agora e por quê.

1) Discutimos porque você não deve ser mais um produto básico neste mercado.

2) Por que você deve escolher um mercado normal ou em crescimento e por que nichos trazem riqueza.

3) Por que você deve cobrar muito dinheiro.

4) Como cobrar muito dinheiro usando os quatro principais impulsionadores de valor.

5) Como criar sua oferta de valor em cinco etapas.

6) Como acumular valor, entregá-lo e torná-lo lucrativo.

7) Como mudar a curva de demanda a seu favor usando a escassez.

8) Como usar a urgência para diminuir o limiar de ação dos compradores

9) Como usar bônus estrategicamente para aumentar a demanda da sua oferta

10) Como reverter completamente o risco do comprador com uma garantia criativa.

11) Como nomeá-la de uma forma que ressoe com o seu público-alvo.

Agora você tem uma oferta grand slam valiosa, com alta margem de lucro e descomoditizada. Esse é o primeiro alicerce de um negócio maravilhoso — um produto ou serviço que as pessoas desejam desesperadamente e que realmente resolve seus problemas. Para muitos, isso será suficiente para fazer muito mais vendas, a preços mais altos e com mais lucro. Sua primeira oferta grand slam verdadeira deve ser capaz de levá-lo aos seus primeiros US$ 100.000. Para outros, você ainda vai querer *mais*. O que é 100% seu direito como capitalista.

Há muito mais a ser feito para construir uma máquina de aquisição *lucrativa*. Não foi possível abordar tudo em um único livro. Por respeito a você, eu quis fazer este livro completo, mas acessível. Dito isso, o próximo livro é dedicado exatamente a isso — *obter mais* — por meio da geração de leads. Nesse livro, vou explicar *exatamente* como adquirir clientes *com lucro*. Ou seja, se você estruturar suas promoções corretamente, nunca mais precisará pagar por um novo cliente. Esse é o assunto do **Acquisition.com Volume II $100M em Geração de Leads**.

Considerações finais

O empreendedorismo consiste em adquirir habilidades, crenças e traços de caráter. Para avançar, acho que devemos determinar quais habilidades, crenças e traços de caráter nos *faltam*. Na maioria das vezes, simplesmente precisamos melhorar. E a única maneira de fazer isso é aprendendo com a experiência e/ou fontes de alta qualidade. Recebi conselhos terríveis de pessoas que estavam à minha frente na época. E embora a experiência seja a *melhor* professora, ela não é a mais gentil.

Espero sinceramente que o que produzo forneça a orientação de que eu tanto precisava quando estava começando minha jornada empreendedora. E gostaria de poder cobrir tudo em um único livro (para meu bem e para o seu). Mas, para prestar o serviço que eu gostaria de ter recebido, não posso. O diabo está nos detalhes. A excelência existe na profundidade do conhecimento e nas nuances. É isso que separa os grandes de todos os outros. Espero que em todo o conteúdo que produzo você veja minha dedicação a esses detalhes e nuances que fazem *toda a diferença*. Essas lições foram conquistadas com muito esforço.

Espero que você tenha gostado deste primeiro volume da minha série de ofertas. Antes de avançarmos para o volume dois, onde nos concentraremos na geração de leads, conforme mencionado acima, gostaria de voltar ao ponto de partida. Depois de ler este livro, espero que:

1) Você esteja no caminho certo para criar sua primeira Oferta Grand Slam. Ou, no mínimo, possa pegar os componentes que estavam faltando na sua oferta para torná-la mais atraente para o seu mercado.

2) Cumpri minha promessa do início deste livro: investir duas a três horas do seu tempo aqui renderá um retorno muito maior do que qualquer outra coisa que você poderia fazer.

3) Espero, em troca, ter dado um pequeno passo para conquistar o que mais valorizo em você: **sua confiança**.

Por fim, espero que este livro contribua um pouco para melhorar o mundo, pois acredito que ninguém virá nos salvar. Cabe a nós, como empreendedores, inovar para construir um mundo melhor. E isso é algo a que estou disposto a dedicar minha vida. Espero que você também esteja.

Agradeço sua atenção. Você poderia ter dedicado sua atenção a qualquer outra coisa, mas escolheu investir nela comigo. Eu valorizo muito isso. Então, sinceramente, obrigado.

Mantenham-se motivados,

Alex

PS - (veja o bilhete dourado abaixo)

BILHETE DE OURO: ADMITE UM

Se você está faturando mais de US$ 1 milhão por ano em lucros anuais (não receita) e gostaria de nossa ajuda para expandir seus negócios, acesse Acquisition. com. Ajudamos as empresas a crescer *de forma tão lucrativa que elas só precisam enriquecer uma vez.* Não sou o tipo de pessoa que diz "ganhe seu primeiro dólar", sou o tipo de pessoa que diz "ganhe o último dólar que você precisará ganhar". Se você se identifica com isso, você é experiente o suficiente para descobrir como entrar em contato comigo pelo meu site e agendar uma ligação. Adoraria conhecê-lo, saber mais sobre o seu negócio e ver se podemos ajudar.

Você se oporia a crescer mais rápido? Se não...

<u>**CAPÍTULO BÔNUS**</u>: Entre este livro e o meu próximo livro, lancei um capítulo único para responder à pergunta mais frequente do meu público: *como escolho para quem vender?* A resposta que escrevi em um capítulo independente que chamei de "Seu primeiro avatar". Você pode baixá-lo gratuitamente aqui: Acquisition.com/avatar

<u>**PRÓXIMO LIVRO**</u>. Você pode conferir meu **próximo livro**, apropriadamente chamado **Acquisition.com Volume II Leads de US$100 Milhões: como fazer com que estranhos queiram comprar seus produtos**). Ele aborda... geração de leads. Você nunca ficará sem novos clientes se seguir as etapas descritas nesse livro (especialmente agora, com a oferta que criamos). Não tenho certeza se esse é o nome definitivo (ainda está em fase de edição), mas se você pesquisar meu nome, você o encontrará. Você também provavelmente poderá encontrá-lo no meu site Acquisition.com (espero).

<u>**ÁUDIOBOOK**</u>. Se você gosta de ouvir e ter todos os seus livros com você para referência (é o que eu faço), você pode obter a **versão em áudio e Kindle de qualquer um ou de todos os meus livros na Amazon**. Gosto de ler e ouvir ao mesmo tempo para aumentar minha velocidade de absorção e consumo. Basta pesquisar os títulos dos livros e ambos aparecerão.

<u>**PODCAST**</u>. Se você gosta de ouvir, tenho um **podcast chamado "The Game",** onde você pode sintonizar episódios curtos que oferecem lições táticas (aprendidas com fracassos) para que você possa alcançar seus objetivos mais rapidamente. Confira o podcast aqui: alexspodcast.com

<u>**YOUTUBE**</u>. Tenho um canal no *YouTube* com tutoriais novos algumas vezes por semana: basta pesquisar meu nome, **"Alex Hormozi"**, para encontrá-lo.

<u>**IG**</u>. Você pode me seguir no *IG* se preferir conteúdo mais pessoal: **@hormozi**